工程造价管理研究前沿丛书

国际工程项目管理模式研究及应用

主　编　中国建设工程造价管理协会
中信工程项目管理（北京）有限公司

中国建筑工业出版社

图书在版编目（CIP）数据

国际工程项目管理模式研究及应用 / 中国建设工程造价管理协会，中信工程项目管理（北京）有限公司主编 .—北京：中国建筑工业出版社，2017.8
（工程造价管理研究前沿丛书）
ISBN 978-7-112-21066-4

Ⅰ.①国… Ⅱ.①中…②中… Ⅲ.①国际承包工程—工程项目管理—管理模式—研究 Ⅳ.①F746.18

中国版本图书馆 CIP 数据核字（2017）第 189027 号

责任编辑：赵晓菲 张智芊
责任校对：李美娜 张 颖

工程造价管理研究前沿丛书
国际工程项目管理模式研究及应用
中国建设工程造价管理协会
中信工程项目管理（北京）有限公司 主编
*
中国建筑工业出版社出版、发行（北京海淀三里河路9号）
各地新华书店、建筑书店经销
北京京点图文设计有限公司制版
北京富生印刷厂印刷
*
开本：787×1092 毫米 1/16 印张：13¼ 字数：165 千字
2017 年9月第一版 2017 年9月第一次印刷
定价：80.00元
ISBN 978-7-112-21066-4
（30627）

编写人员名单

主　　编： 李秀平　张兴旺

主　　审： 吴佐民　沈　峰

编　　写： 穆诗煜　李　文　李万成　杨海欧

赵　伟　张　博　金常忠

主编单位： 中国建设工程造价管理协会

中信工程项目管理（北京）有限公司

序

今年是造价工程师执业资格制度建立的20周年，20年来，在广大造价工程师和各位同行的共同努力下，我们始终坚持“以工程造价相关合同管理为前提，以事前控制为重点，以准确工程计量与计价为基础，并通过优化设计、经济评价和价值分析、控制等辅助手段，实现了以工程造价管理为核心的全面项目管理”。这对于提升建设项目的管理水平和价值发挥了重要作用，工程造价咨询企业和造价工程师的工作得到了投资、财政、建设、审计、司法等主管部门的普遍认可，更得到了项目业主和市场各方的肯定。也可以说，通过大家的艰辛努力，造价工程师目前在工程经济、工程管理、工程顾问方面发挥着不可或缺的作用，工程造价咨询企业和造价工程师在市场经济体制下的作用越来越凸显。但是，我们也必须清醒地认识到，从我们工程造价咨询行业的执业能力看，我们主要存在着三个不足：一是我们更多的是依据政府发布的工程计价定额和工程计价信息进行工程计价和费用核算，没有形成科学的工程造价管理体系，属于企业自身可资源化的数据信息和成果严重不足；二是大多工程造价咨询企业仍局限于传统的工程计价业务，没有从降低建设项目的工程成本和提升价值上下功夫；三是我们没有把建设项目看作一个交易标的，以合同方式来管控工程价格，发挥合同在造价管理中的前提作用。另外，外部三个因素即将对行业的发展产生重大影响：一是随着去行政化的改革，工程建设领域资质会越来越弱化，必将加速工程咨询各类业务的融合，促进企业向大型工程咨询公司或项目管理公司转型，来发挥技术、经济、管理的综合实力；二是信息技术的发展，尤其BIM技术、“互联网+”和大数据将会影响企业形态，中小型企业会因BIM等软件的购置、数据信息的采集、业务管理系统的开发消耗大量成本，不协调工作将难以为继；三是我国固定资产投资增长率将呈现下降趋势，固定资产投资将集中于大型基础设施等专项工程，传统的房屋建筑工程、加工工业项目会越来越少，没有综合实力难以承接这些大型专项工程。这三个不足和三个外部因素应该引起工程造价咨询企业管理者的高度重视，把握好工程造价咨询行业的转型与发展时机。

在此背景下，我们有必要重新审视工程造价管理的内涵和发展方向，这也是我们开展国际工程项目管理模式、工程造价咨询企业国际化战略两项课题研究的目的所在。以便让大家了解发达的市场经济国家工程管理、工程造价管理的模式与内容，重新认识进一步市场化后，私人主导融资（PFI）、公私合营（PPP）等新型融资模式，设计—建造模式（DB）、设计—采购—施工（EPC）等建造模式，以及不同工程项目管理模式下的工程造价咨询业务和造价工程师的工作定位。工程造价管理永远是工程项目管理的基础工作，它通过对工程造价进行的预测、计划、组织、控制、核算、分析和评价等一系列工作，为建设项目的投融资管理、合同管理、工程造价的确定与控制、建设方案的比选与优化、工程施工的成本管理与组织，以及对建设工程成本、质量、工期、安全等多个管理要素进行综合优化等提供专业服务，其最终目的是做好工程项目管理，使建设项目发挥最大的投资效益。因此，造价工程师做好工程造价管理必须要在以往项目工程造价管理经验的基础上，立足于具体的建设项目，并协调好工程项目的投资、设计、施工等各方主体，既要充分熟悉拟建项目的建设要求、技术特点、建设条件、市场环境，也要结合好工程项目管理模式等特点，把握好各个阶段工程造价管理的核心内容及管控方式，关注质量、安全、工期、环境、技术进步等各管理要素，服务于全面的工程项目管理。

当前，各行各业都在面临着去行政化、政治体制改革和市场化的经济体制改革、投资规模降低、“一带一路”国际化发展、BIM 和互联网为代表的技术进步等新的机遇与挑战。工程造价咨询企业要未雨绸缪，认真学习和借鉴发达的市场经济国家先进的工程项目管理和工程造价管理的方法与经验，勇于面对并主动适应政治、经济、技术因素变革，调整自身的发展战略与业务定位。借此课题成果发布之际，我也就工程造价咨询企业的下一步发展谈一下自己的看法：

1. 要实现工作手段的信息化。“互联网 +”、大数据、云计算、BIM 技术将对工程造价行业产生较大影响。工程造价咨询企业一要适时建设和购置基于互联网平台的办公系统和协作系统，并拥有先进的工程计量、计价工具软件，建设项目工程造价全过程造价管理软件等服务于建设工程的多目标项目管理；二要通过企业自身的深加工、联盟共享、购买等方式建立典型工程数据库等数据资源，实现咨询成果的资源化，为企业从事业务工作提供信息支撑，打造自身的核心竞争力。

2. 要实现业务的综合化。要积极适应去行政化的改革，大型企业要在转型工程顾问公司或项目管理公司的方向上多思考、做准备。工程造价咨询企业经过 20 年的市场检验，证明了这是一只能为建设项目成本控制和价值提升提供专业服务的最佳队伍，在工程咨询领域和项目管理业务方面中处于优势专业地位，我们应该有足够的专业自信，在做实工程造价管理的基础上，向综合化业务转型和拓展。

3. 要实现市场的国际化。大型企业要面向国内和国际两个市场，以及中国的援外工程、“一带一路”、中国投资和建设走出去带来难得的机遇，要全面提升国际视野和国际工程的项目管理能力，积极服务于国家“一带一路”战略实施，抓住国际化发展的历史机遇，充分利用中国人才吃苦耐劳的精神和价格优势，实现市场的国际化。

4. 要实现经营的规模化。要实现前面所说的工作手段的信息化、业务的综合化和市场的国际化，显然企业规模化发展是一个必要的支撑。工程造价咨询行业管理部门和企业家均需要重新研究企业规模化的发展路径，要允许企业选择合伙制、集团化、股份化等多种路径，打造一批品牌企业，进行规模化、平台化经营和报表合并，同时也彻底遏制企业的挂靠和出卖资质的不当行为。

基于以上考虑，2016 年中国建设工程造价管理协会委托中信工程项目管理（北京）有限公司承担了国际工程项目管理模式课题研究工作，旨在通过研究和比较国际先进的工程项目管理模式，认识我国与发达的市场经济国家工程项目管理之间的差距，并经过分析我国进一步市场化后工程咨询和造价咨询行业的发展方向，进而把握我国工程造价咨询行业的发展战略。

本书正是在上述课题研究报告的基础上修改完成。本书的出版将有助于探索我国工程咨询企业开展国际工程项目管理业务。

不同于其他项目管理方面的书籍，本书在项目管理模式及其应用方面进行了比较深入的研究，具体而言：

1. 在国际工程项目管理模式方面，目前，国内外专家学者的研究倾向于对各种模式进行罗列和介绍，但实际操作中这些模式之间并不是简单的并列关系，且属于不同的层次，有些模式可以叠加。因此，本书通过梳理和总结常见的项目管理模式，按照工程项目的合同关系、组织管理关系、融资方式将这些模式进行分类，并重点分析了每种模式的概念、特点、优缺点以及适用范围。

2. 在项目管理模式的选择方面，目前的研究几乎空白。本书在深入分析国际工程项目管理模式影响因素的基础上，提出国际工程项目管理模式的两种选择方法：经验判断法和层次分析法，提出国际工程项目管理模式选择的流程，并用具体案例论证了项目管理模式选择方法和流程的可行性和有效性。

3. 在国际工程项目管理模式的实施方面，本书重点介绍与项目管理模式密切相关的项目前期策划管理、范围管理、合同管理、进度管理、投资管理、风险管理的流程和内容，并重点分析不同的项目管理模式下，各参与方管理职能的内容和责任，为我国工程咨询企业进行国际工程项目管理提供了参考。

最后，我谨代表中国建设工程造价管理协会以及徐惠琴理事长对课题组全体人员的辛勤而富有成果的工作表示感谢！更要感谢我们工程管理界的学术泰斗丁士昭老师能够亲自为本书审核把关！书中不当之处请大家提出宝贵意见。

吴佐民

2017 年 2 月 6 日

前 言

伴随着全球经济一体化发展趋势和我国推行“一带一路”政策的大环境下，我国的国际化项目越来越多，本书通过对国际工程项目管理模式的研究，给我国工程咨询企业、项目管理企业开展国际工程项目管理提供指引和借鉴。

本书对国际常见的项目管理模式进行了梳理和总结，按照工程项目的合同关系、组织管理关系、融资方式将这些模式进行分类，并重点分析了每种模式的概念、特点、优缺点、适用范围及对每类模式进行对比分析。通过分析典型国家建筑市场情况、法律规定以及国际项目管理相关协会和国际工程项目管理相关标准，有助于我国工程咨询企业了解国际工程项目管理的外部环境，增强适应国际市场发展与变化的能力。本书在深入分析国际工程项目管理模式影响因素的基础上，提出国际工程项目管理模式的两种选择方法：经验判断法和层次分析法，以及国际工程项目管理模式选择的流程，并用具体案例论证了项目管理模式选择方法和流程的可行性和有效性。本书最后介绍国际工程项目管理模式的实施，重点介绍与项目管理模式密切相关的项目前期策划管理、范围管理、合同管理、进度管理、投资管理、风险管理实施的流程和内容，并重点分析不同项目管理模式下，各参与方管理职能的内容和责任，为我国工程咨询企业进行国际工程项目管理提供参考。

由于编者水平和时间有限，书中难免有不当之处，敬请读者批评指正。

目 录

第1章　工程项目管理概述

1.1　项目概述

1.1.1　项目的概念及特征

1. 项目的概念

（1）广义的项目概念

项目是指在一定的约束条件下（主要是限定资源、限定时间），具有特定目标的一次性任务。项目包括许多内容：可以是建设一项工程，如建造一栋大楼、一座工厂、一座电站；也可以是完成某项科研课题，或研制一项设备，甚至写一篇论文，这些都是一个项目。都有一定的时间、质量要求，也都是一次性的任务。

（2）世界银行对项目的解释

世界银行根据其发放贷款的用途把项目解释为："所谓项目，一般系指同一性质的投资（如设有发电厂和输电线路的水坝）或同一部门内一系列有关或相同的投资，或不同部门内的一系列投资（如城市项目中市区内的住房、交通和供水等）。项目还可以包括向中间金融机构贷款，为它的一般业务活动提供资金；或向某些部门的发展计划发放贷款。项目通常既包括有形的，如土木工程的建设和设备的提供；也包括无形的，如社会制度的改进、政策的调整和管理人员的培训等”。

2. 项目的特征

（1）项目实施的一次性。这是项目的最主要特征。项目没有完全相同的两项任务，其不同点表现在任务本身与最终成果上。只有认识项目的一次性，才能有针对性地根据项目的特殊性进行管理。

（2）项目有明确的目标。项目的目标有成果性目标和约束性目标。成果性目标是指项目的功能要求，即设计规定的生产产品的规格、品种、生产能力目标；约束性目标是指限制条件，如工程质量标准、工期、投资目标、效益指标等。

（3）项目作为管理对象的整体性。一个项目是一个整体，在按其需要配置生产要素时，必须追求高的费用效益，做到数量、质量、结构的总体优化。

（4）项目与环境之间的相互制约性。项目总是在一定的环境下立项、实施、交付使用，要受环境的制约；项目在其寿命全过程中又对环境造成正负两方面的影响，从而对周围环境造成制约。

每个项目都必须具备上述四个特征，缺一不可。重复的大批量的生产活动及其成果，不能称作“项目”。

1.1.2 项目的分类

1. 投资项目与非投资项目

投资项目是将一定数量的资金或有形、无形的资产投放于某种对象形成实物资产，以取得一定的经济效益或社会效益的活动。

非投资项目意指非实物资产形成的项目，如“希望工程”项目、资产评估项目等。

2. 我国对投资项目的分类

（1）按管理需要分类，可分为基本建设项目和技术改造项目。

（2）按行业投资用途分类，可分为生产性项目和非生产性项目。

（3）按投资性质分类，可分为新建项目、扩建项目、改建项目、恢复项目和迁建项目。

（4）按建设规模分类，可分为大型、中型、小型基本建设项目和限额（以上 / 以下）更新改造项目。

（5）按工作阶段分类，可分为预备项目、筹建项目、建成投产项目和收尾项目。

（6）按投资资金来源分类，可分为国家预算拨款项目、银行贷款项目、自筹资金项目和利用外资项目。

3. 建设项目分类

建设项目亦称基本建设项目，它是按一个总体设计或初步设计进行施工的一个或几个单项工程的总体。一个基本建设项目可以包括若干个单项工程，有些比较简单的项目本身就是一个单项工程。一个基本建设项目在全部建成投产以前，往往陆续建成若干个单项工程，而单项工程是由若干个单位工程组成的。单位工程具备独立的施工条件，但施工完成后不能独立发挥功用。

单位工程可以进一步分解为分部工程，然后按照不同的施工方法、构造规格，把分部工程更细致地分解为分项工程，分项工程是能用较简单的施工过程生产出来的，可以用适量的计量单位计算，并便于测定或计算的工程基本构造要素。

建设项目也可以按性质分为新建、扩建、改建、恢复和迁建等项目；按建设阶段可分为筹建、设计、施工、竣工和投产等项目；按规模可分为大、中、小项目。

1.1.3 工程项目的特点

工程项目除具有项目的共同特点外，还体现出以下明显的特点：

(1)建设周期长。工程项目一般需要较长时期的建设才能完工投产、回收资金。

(2) 整体性强。每一个工程项目都有独立的设计文件，在总体设计的范围内，各单项工程具有不可分割的联系，一些大的项目还有许多配套工程，缺一不可。

(3) 受环境制约性强。工程项目建设的环境包括自然环境和社会环境。工程项目一般在露天作业，受水文、气象等因素影响较大；建设地点的选择受地形、地质等多种因素的影响；建设过程中所使用的建筑材料、施工机具等的价格会受到物价因素的影响，从而使投资控制问题难以把握。

1.1.4 国际工程项目的概念及特征

1. 国际工程项目的概念

我们所说的国际工程，通常是指一个工程项目的所有参与者来自不同的国家，可能是两个国家，也可能是两个以上不同的国家，并且，他们都是按照国际上通用的工程项目管理模式从事项目管理工作的工程。但从我国来讲，国际工程既包括我国工程企业在国外从事的工程，也包括很多的国内从事的涉外工程，例如，利用世界银行、亚洲开发银行等国际金融组织的贷款资金的项目，所以，我们可以这么讲，国际工程一般都属于国际经济合作范畴。

2. 国际工程项目的特征

国际工程项目具有以下几个特征：

(1) 合同签订主体具有多国性

在从事国际工程项目管理的过程中，合同签约的各参与方往往是来自于不同的国家，并且受到不同国家间不同法律的制约，而且工程涉及的法律范围很广，诸如民法、建筑法、招标投标法、安全生产法、环境保护法、劳动法、消防法、投资法、外贸法、土地管理法、金融法、节约能源法、保险法、公司法以及各种税法等。在一个规模较大的国际工程项目中，其管理工程中可能涉及两个或者两个以上不同的国家。例如，业主、承包商、项目咨询方、物资采购供应方、不同专业的专业分包商、劳务方以及提供贷款的银行和担保方等都有可能来自不同的国家，项目各参与方之间通过签订不同的合同来规范他们之间的法律关系，而在这些签订好的合同中的一些条款往往有别于工程所在国家的法律、法规。正是由于这种多国性，很有可能由于项目各参与方对合同条款的不同而导致出现歧义，一旦出现争端，处理起来往往会变得更为复杂和艰难。

(2) 工程项目影响因素较多

目前，国际形势风云变化，各国在从事国际工程项目管理过程中，受到政治影响和经济影响的因素显著增加，进而导致从事国际工程项目管理的风险相对加大，例如：两国政治经济关系恶化可能引起的断交、制裁和禁运等；一些工程的国外投资商的项目投资资金突然减少或中断；一些国家对项目承包商采取歧视政策；工程所在国与周边国家发生边境冲突，由于政治形势变化而可能导致的政变、内战或暴乱；甚至全球金融危机等，这些都是可能导致工程中断或造成损失的因素。因此，我们在搞国际工程时，不仅仅要关心工程项目本身可能出现的问题，而且还要时刻关注工程所在国家和其周边地区以及国际大环境下的变化所可能带来的不良影响。

（3）合同签订额十分巨大

国际工程项目一般规模较大，所以合同签订额巨大，设计、咨询、物资采购、项目总承包及 BOT 项目（包括其变种项目 BT、BOOT 等）所占国际工程承包市场份额已达 60%有余。上述项目特征对一个国际工程项目承包商的融资能力、人力资源调配能力、资源整合利用能力以及信息化程度提出了较高的要求，为保证国际工程项目能够顺利实施，一个企业必须实现资金、人力、物资准备、信息和各方资源能够达到最优组合及其相关衔接最有效的状态。其中：资金包括融资、贷款、锁定外汇汇率、税收、流动资金的增值和保值服务、保函等。人力包括劳务的来源和最优组合，例如，技术工人或管理人员用国内的人员，技术含量较低的工人可考虑用其他国家便宜的劳工，根据实际情况，管理人员可考虑雇用当地水平较高的人员，这样搭配不仅可降低劳务成本，还可以提高劳务生产率。物资准备包括材料、机械、设备的采购、运输、配置比例、库存、成品保护等。信息包括项目相关信息、材料价格变化信息的收集，以及企业内部资源库中以往类似报价和类似施工方案信息的积累等。

1.2 工程项目的建设程序

1.2.1 项目发展周期及其特点

1. 项目的生命周期

每一个项目都有自己的特点，即项目具有单件性特点。每一个项目都有自己的特定目标、内容和生产过程。不同于其他项目，亦即项目具有一次性。项目的单件性和过程的一次性决定了项目具有生命周期。任何项目都有产生时间、发展时间和结束时间，在生命周期的不同时期内部有不同的任务。每一个项目都有它特定的程序，项目的生命周期如图 1-1 所示。

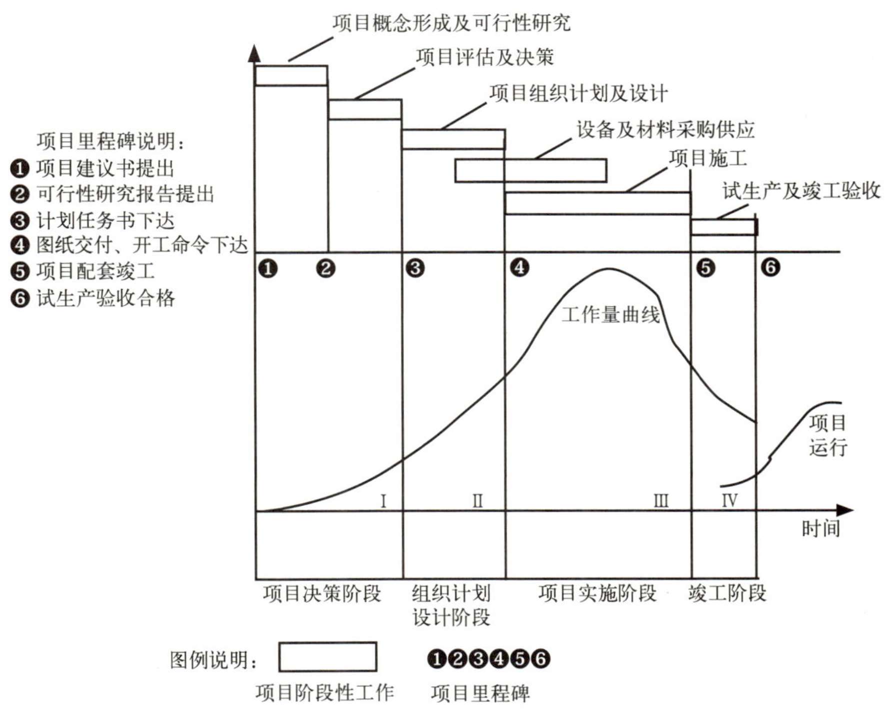

图 1-1　项目的生命周期及阶段划分

2. 项目生命发展周期的特点

（1）首先表现为周期性。无论何种投资项目，都必须完整而严格地划分为投资前期、投资时期和生产或使用时期，每一时期又分为不同阶段进行，不可跳越其中某一阶段，否则就会违背客观规律而受到惩罚。

（2）其次表现为时限性。建设时间长短，建设速度快慢直接影响投资项目的经济效益，一方面，要让人、财、物在单位时间内创造更高的价值；另一方面，尽快使项目建成投产，达到设计生产能力，创造财富，收回投资。

(3)最后表现为综合性。项目周期运转过程是一个庞大的系统工程，涉及各学科、各部门，需要各方通力合作、密切配合、共同努力才能完成。因此综合协调和科学管理是十分重要的。

1.2.2 项目周期运行的阶段划分

1. 投资前期

投资前期指从投资意向到项目的评估决策这一时期。这一时期的中心任务是对项目的科学论证研究和评估决策。因此，它是项目管理的关键时期。投资前期由以下几个阶段构成：

(1) 投资机会选择——项目选定。即对项目投资方向提出原则设计。

(2) 项目建议书——立项。项目建议书是投资机会的具体化，是项目得以成立的书面文件。应对申报的理由及其主要依据、项目的市场需求、生产建设条件、投资概算和经济效益及社会效益情况做出概要叙述。

(3) 可行性研究——项目决策的依据。可行性研究是投资前期工作的中心环节。在项目建议书审查通过后，就需组织各方面专家和实际工作者，对项目进行科学的、详细的研究论证，提出项目的可行性研究报告。可行性研究报告是项目投资决策的依据。

(4) 项目评估与决策。项目评估是对可行性研究报告的评价，是项目决策的最后依据。

2. 投资时期

投资时期即项目决策后从建设选址到竣工验收、交付使用这一时期。

这一时期的主要任务是实现投资前期的目标，把构思设想变为现实。投资时期包括以下几个阶段：

（1）投资项目选址；

（2）设计；

（3）制定年度建设计划；

（4）施工准备与施工；

（5）竣工验收、交付使用；

（6）生产准备。

3. 生产和使用时期

项目经过生产或使用时期，可实现生产经营目标，归还贷款，回收投资。这一期的主要内容是实现项目的生产经营目标，收回投资。这一时期包括以下几个阶段：

（1）经营生产；

（2）项目的后评价；

（3）实现生产经营目标；

（4）资金回收。

1.2.3　国内外工程项目的建设程序

建设程序是指建设项目从设想、选择、评估、决策、设计、施工到竣工验收、投入生产的整个建设过程中，各项工作必须遵循的先后次序的法则。

1. 国内工程项目的建设程序

在我国，按现行规定，一般大中型和限额以上的工程项目从建设前期到投产主要经历以下几个阶段（图 1-2）：

（1）根据国民经济和社会发展长远规划，结合行业和地区发展规划的要求，提出项目建议书；

（2）根据项目建议书的要求，在勘察、试验、调查研究及详细技术经济论证的基础上编制可行性研究报告；

（3）可行性研究报告被批准以后，选择建设地点；

（4）根据可行性研究报告编制设计文件；

（5）初步设计经批准以后，进行施工图设计，并做好施工前的各项准备工作；

（6）编制年度基本建设投资计划；

（7）建设实施；

（8）根据工程进度，做好生产准备工作；

（9）项目按批准的设计内容完成，经投料试车合格后，正式投产，交付生产使用；

（10）生产经营一段时间后，进行项目后评价。

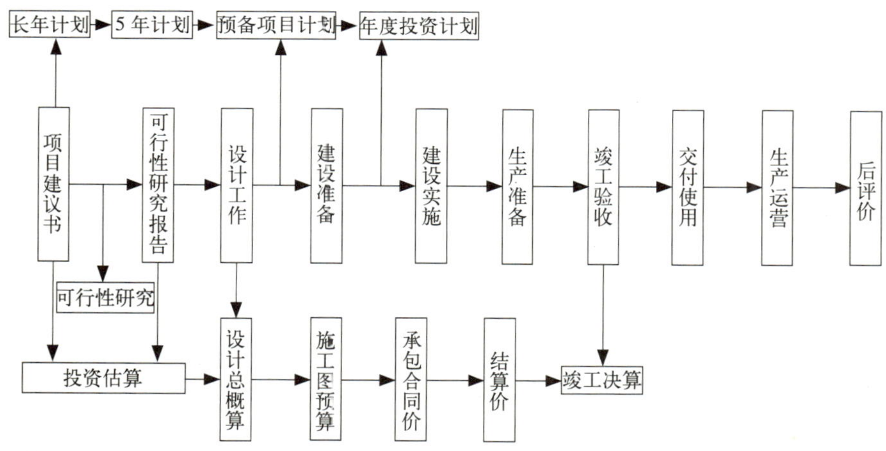

图 1-2　国内大中型和限额以上工程项目的基本建设程序

2. 国外工程项目的建设程序

国外工程项目的建设程序基本与我国相似，计划阶段、执行阶段、生产阶段的基本内容如下（图 1-3）：

（1）项目计划阶段。主要工作是投资机会研究、初步可行性研究和详细可行性研究、初步设计和技术设计，经审查项目建议报告后，批准项目。

（2）项目执行阶段。主要工作是进行详细设计、计划，完成项目预算，组织招标，签订合同，建设实施，投产前准备，然后移交项目。

（3）项目生产阶段。至此进入正式投产运营阶段，经过一段时间运营后，对项目全过程进行总结评价，积累资料，产生新项目的设想，并为新项目的决策、实施提供依据。

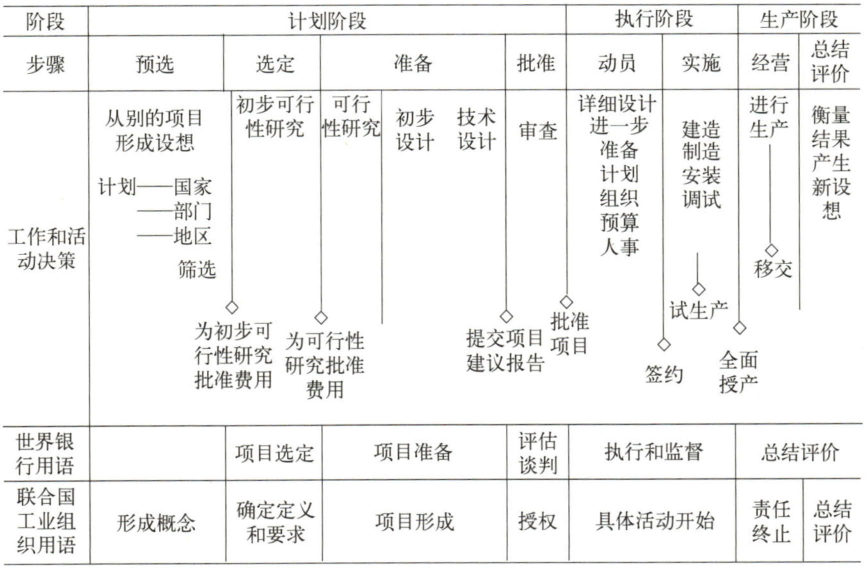

阶段	计划阶段				执行阶段		生产阶段	
步骤	预选	选定	准备	批准	动员	实施	经营	总结评价
工作和活动决策	从别的项目形成设想 计划——国家 ——部门 ——地区 筛选 ◇为初步可行性研究批准费用	初步可行性研究 ◇为可行性研究批准费用	可行性研究 初步设计 技术设计 ◇提交项目建议报告	审查 ◇批准项目	详细设计 进一步准备 计划 组织 预算 人事 ◇签约	建造 制造 安装 调试 ◇试生产 ◇全面授产	进行生产 ◇移交	衡量结果 产生新设想
世界银行用语		项目选定	项目准备	评估谈判	执行和监督		总结评价	
联合国工业组织用语	形成概念	确定定义和要求	项目形成	授权	具体活动开始		责任终止	总结评价

图 1-3　国外基本建设程序与阶段划分

1.3 工程项目管理概述

1.3.1 工程项目管理的概念及要素

1. 工程项目管理的概念

工程项目管理，是指项目管理者按照客观规律的要求，在有限的资源条件下，运用系统工程的观点、理论和方法，对项目涉及的全部工作进行管理。即从工程项目的决策到实施全过程进行计划、组织、指挥、协调、控制和总结评价，以实现工程项目管理的目标。

2. 工程项目管理的要素

（1）管理的客体是项目涉及的全部工作，这些工作构成项目的系统运动过程，即项目周期。

（2）管理的主体是项目管理者。投资项目的管理者应该是投资者或经营者，他们对项目发展全过程进行管理。

（3）管理的目的是实现项目目标。管理的性质和功能决定了它本身不是目的，而是实现目的的手段。项目管理的目标是：在有限资源条件下，保证项目时间、质量、成本达到最优化。

（4）管理的职能是计划、组织、指挥、协调和控制，管理者从事管理，必须行使一定的管理职能，项目的管理职能可概括为计划、组织、指挥、协调和控制。离开这些职能，项目的运转是不可能的，管理的目标亦无法实现。

（5）管理的依据是项目的客观规律。管理是人的主观行为，而主观行为必然要受到客观规律的制约。要实现管理目标，达到预期效果，就必须尊重项目运行的客观规律。

1.3.2　工程项目管理的任务

PMBOK 对于项目管理的几大要素，定义了 10 个管理任务，其主要活动和主要目标分别为：

1. 项目整合管理

项目整合管理是将项目管理的各个方面整合在一起的活动。它是一项综合性、全局性的工作。其核心是权衡多个相互冲突的项目实施方案，以实现项目的目标和要求；帮助项目管理人员整合协调项目管理的各个不同活动领域间的信息交流；促进信息的合理流动；有效控制和管理项目进行过程中可能出现的变更。人们经常把项目整体管理视为最重要的项目管理知识和技能。

项目整合管理包括以下几个主要内容：

（1）制定项目章程。制定项目章程,正式批准项目或项目启动阶段。

（2）制定项目初步范围说明书。制定项目范围说明书，概括地说明项目的范围。

（3）制定项目管理计划。将定义、准备、综合与协调所有子计划所需要的活动形成文档，使其成为项目管理计划。

（4）指导与管理项目执行。执行项目管理计划确定的工作，完成项目范围说明书中明确的项目要求。

（5）监控项目工作。监控项目的启动、规划、执行和结束过程，实现项目管理计划中确定的实施目标。

（6）整体变更控制。审查所有的变更请求，批准变更并控制可交付成果和组织过程资产。

（7）项目收尾。最终完成所有项目管理过程组的所有活动，正式结束项目或项目阶段。

2. 项目范围管理

项目范围管理是确保项目包括成功完成项目所需的全部工作，但又只包括必须完成的工作的各个过程。它主要关心的是确定与控制哪些应该（或哪些不应该）包括在项目之内。项目范围管理由以下主要过程组成：

（1）范围规划。制定项目范围管理计划，记载如何确定、核实与控制项目范围，以及如何制定与定义工作分解结构（Work Breakdown Structure，WBS）。

（2）范围定义。制定详细的项目范围说明书，作为将来项目决策的依据。

（3）制作工作分解结构。将主要的项目可交付成果和项目工作分解为较小、更易管理的组成部分。

（4）范围核实。正式验收已完成的项目可交付成果的过程。

（5）范围变更控制。控制项目范围的变更。

3. 项目时间管理

项目时间管理包括为确保项目按时完成所要求实施的各种过程。项目时间管理包括以下过程：

（1）活动定义。识别为产生项目各种可交付成果而必须执行的具体计划活动。

（2）活动排序。识别各项计划活动之间的依存关系，并形成文档记录。

（3）活动资源估算。估算完成各项计划活动所需资源的种类和数量。

（4）活动持续时间估算。估算完成各项计划活动所需工时单位数。

（5）进度制定。分析活动顺序、活动所需时间、资源要求，以及进度制约因素，以便制订项目进度。

（6）进度控制。控制项目进度变化。

一个项目是否能够按时交付，很大程度上取决于项目时间管理。一个富有经验的项目管理人员应该在制定计划时，科学地安排各项活动的先后次序和所需时间。当项目执行中出现偏离时应该及时进行调整，使项目的整体进度得到保证。

4. 项目成本管理

项目成本管理包括为保证项目在批准预算之内完成所必需的诸多过程。项目成本管理由以下的过程组成：

（1）成本估算。编制完成项目各项活动所需资源的大致成本。

（2）成本预算。合计各个活动或工作包的估算费用，以此建立成本管理基线。

（3）成本控制。调整造成成本偏差的因素，控制项目预算的变更。

虽然项目成本管理主要关心的是完成项目活动所需资源的成本，但也必须考虑项目决策对项目产品使用成本的影响。例如，限制设计审查的次数有可能降低项目成本，但同时就有可能增加客户的运营成本和风险。这种广义的项目成本管理通常称为"生命期成本估算"。生命期成本估算常与价值工程技术结合使用，以降低成本，缩短时间，提高质量和绩效，优化决策过程。

5. 项目质量管理

项目质量管理包括保证项目能满足原先制定的各项要求所需要实施的各种活动，即整体管理功能中决定质量方针、目标与责任的所有活动，并通过诸如质量规划、质量保证、质量控制、质量改进等方针、程序和过程在质量体系内加以实施。项目质量管理过程包括：

（1）质量规划。判断哪些质量标准与本项目相关，并决定应如何达到这些质量标准。

（2）实施质量保证。开展已规划的、系统的质量活动，确保项目实施满足质量要求而进行的所有过程。

（3）实施质量控制。监控具体的项目结果，判断它们是否符合相关质量标准，并找出消除低绩效的方法。

项目质量管理必须考虑项目管理和项目产品两方面。在有关质量的文献中，有时使用产品这个术语以涵盖产品与服务两者。只要两者之一不符合质量要求，就会给某个或所有项目利益相关方带来严重的消极后果。质量是“使实体具备满足明确或隐含需求能力的各项特征之总和”。

6. 项目人力资源管理

项目人力资源管理包括为了最有效地使用参与项目人员而进行的各种管理活动。它涉及所有项目利益相关方：项目赞助人、顾客、合伙人、为项目做出贡献的人员以及其他方面人士。项目人力资源管理由以下过程组成：

（1）人力资源规划。确定、记录并分派项目角色、职责、请示汇报关系，编制人员配备管理计划。

（2）项目团队组建。招聘项目工作所需的人力资源。

（3）项目团队建设。培养团队成员的能力，以及提高成员之间的情感交流，从而增强项目绩效。

（4）项目团队管理。跟踪团队成员的绩效，提供反馈，解决问题，协调变更事宜以增强项目绩效。

项目经理和项目管理班子应该对项目人力资源管理的知识和内容认真掌握，了解这些知识应如何应用到项目之中。

7. 项目沟通管理

项目沟通管理包括及时的生成、搜集、传递、贮存与最终所处置的项目所需信息的全过程。它在人员与信息之间提供取得成功所必需的关键联系。每个参与项目的人员都必须参与沟通，并且要懂得他们作为个人所参与的沟通对项目整体有何影响。项目沟通管理由以下过程组成：

（1）规划沟通管理。根据干系人的信息需要和要求及组织的可用资产情况，制定合适的项目沟通方式和计划的过程。

（2）管理沟通。根据沟通管理计划，生成、收集、分发、储存、检索及最终处置项目信息的过程。

（3）控制沟通。在整个项目生命周期中对沟通进行监督和控制的过程，以确保满足项目干系人对信息的需求。

沟通的通用管理技能同项目沟通管理相关，但并不完全相同。沟通是范围甚广的题目，涉及并非项目管理环境所独有的、相当庞大的知识体系。项目沟通管理涉及项目生命周期内所形成的各种信息。为了让每个项目干系人及时得到所需要的信息，需要很好地解决什么时候向什么人汇报、通知什么的问题。此外软件开发队伍和用户之间的沟通，也是沟通管理中的一项重要工作。

8. 项目风险管理

风险的定义是“能够影响项目一个或多个目标的不确定性”。这里需要强调的就是相关性。那些与目标不相关的不确定性，应该被排除在风险管理过程之外。把风险和目标联系起来，确保风险识别过程，关注于那些起作用的不确定性，而不要被不相关的风险分散了项目团队宝贵的精力。

项目风险管理是指对项目风险进行识别、分析并采取应对措施的系统过程。它包括尽量扩大有利于项目目标事项发生的概率与后果，而尽量减小不利于项目目标事项发生的概率与后果。项目风险管理是由以下过程组成的：

（1）风险管理规划。决定如何规划与实施项目的风险管理活动。

（2）风险识别。判断哪些风险会影响项目，将其特点记录于文档加以保存。

（3）定性风险分析。对风险发生的概率和影响进行评估和汇总，对风险进行排序，以便随后进一步分析或行动。

（4）定量风险分析。针对已识别的风险对项目总体目标的影响进行定量分析。

（5）风险应对规划。针对项目目标制订增加机会、减轻威胁的方案和行动。

（6）风险监测与控制。在整个项目生命周期中，跟踪已识别的风险、监测残余风险、识别新风险，执行风险应对计划，并对这些计划的有效性进行评估。

组织从对项目成功与失败的角度看待风险。风险对项目所造成的威胁只要能与冒此风险所得到的收获相抵，就属于可接受风险。要想取得成功，组织必须承诺在整个项目进程中进行风险管理。衡量组织承诺的尺度之一就是该组织是否认真搜集有关项目风险及其特点的高质量数据。

9. 项目采购管理

项目采购管理指为完成项目范围规定的任务而从实施组织外部获取资源或服务时所需要的各种活动。项目采购管理由以下过程组成：

（1）采购规划。确定采购何物及何时如何采购。

（2）询价规划。记录产品、服务或成果要求并确定潜在供方。

（3）询价。根据情况获取信息、报价、投标书、报盘或建议书。

（4）选择供方。评定报价，在潜在的供方中进行选择，并与供方洽谈书面合同。

（5）合同管理。管理合同以及买卖双方之间的关系。

（6）合同收尾。完成并结算合同，包括解决任何未决问题，并就与项目或项目阶段相关的每项合同进行收尾工作。

10. 项目干系人管理

项目干系人管理包括用于开展下列工作的各个过程：识别能影响项目或受项目影响的全部人员、群体或组织，分析干系人对项目的期望和影响，制定合适的管理策略来有效调动干系人参与项目决策和执行。干系人管理还关注与干系人的持续沟通，以便了解干系人的需要和期望，解决实际发生的问题，管理利益冲突，促进干系人合理参与项目决策和活动。应该把干系人满意度作为一个关键的项目目标来进行管理。

项目干系人管理的各过程，包括：

（1）识别干系人。识别能影响项目决策、活动或结果的个人、群体或组织，以及被项目决策、活动或结果所影响的个人、群体或组织，并分析和记录他们的相关信息的过程。这些信息包括他们的利益、参与度、相互依赖、影响力及对项目成功的潜在影响等。

（2）规划干系人管理。基于对干系人需要、利益及对项目成功的潜在影响的分析，制定合适的管理策略，以有效调动干系人参与整个项目生命周期的过程。

（3）管理干系人参与。在整个项目生命周期中，与干系人进行沟通和协作，以满足其需要与期望，解决实际出现的问题，并促进干系人合理参与项目活动的过程。

（4）控制干系人参与。全面监督项目干系人之间的关系，调整策略和计划，以调动干系人参与的过程。

1.3.3　工程建设参与方及利益相关方

1. 业主

业主是工程项目的发起人，其主要职责是：提出项目设想，做出投资决策；筹措项目所需的全部资金（带资承包除外）；选定咨询工程师；按合同规定的条件向承包商支付工程费用等。业主机构可以是政府部门、社团法人、地方政府、国有企业、股份公司、私人组织或个人。

2. 承包商

承包商通常是指承担工程施工及设备采购工作的团体、公司、个人或者他们的联合体。大型的工程承包公司在工程项目建设过程中可作为总承包商与业主签订施工总承包合同，承担整个工程项目的施工任务。总承包商既可以自行完成全部的工程施工，也可以把其中的某些部分分包给其他分包商，也存在很多专业承包商及小型承包商。专业承包商往往在某些专业领域具有特长，能够在成本、工期、质量等方面体现出强于大型承包商的优势。从数量上看，在建筑业中占大多数的还是小型企业。例如，在英国大部分的企业人数在 15 人以下，但占总数不足 1% 的大型企业却完成总工作量的 70%。从宏观上看，大小并存、专业分工的局面，有利于提高工程项目建设的效率。

（1）工程公司

除了一般意义上的工程承包公司之外，还存在一种特殊类型的承包公司，称为工程公司。工程公司就是指可以提供从咨询、设计到采购、施工等贯穿工程项目建设始终的全套服务的承包公司。此类工程公司与普通的承包公司的主要区别首先是通常拥有自己的设计部门，具有工程设计能力，能够同时为业主提供设计和施工服务。另一个特点就是规模较大，技术先进，实力雄厚。工程公司的存在是与工程项目建设的设计—建造方式相联系的。

在工程项目建设过程中工程公司担任的角色称为设计—建造承包商。承包商的实力、技术和信誉是为业主提供优质服务的保证。同时，在某些特殊的项目中，此类承包商甚至可为业主提供项目融资（例如

BOT 项目)。至此，总承包可以有两种含义：第一种是针对分包而言的，是指承包商与业主签订合同承担工程项目的全部施工工作，可称之为施工总承包商；另一种是承包商以设计—建造方式承揽工程项目，从项目前期开始直到竣工的全部工作，可称之为项目总承包商，以示区别。

（2）分包商

分包商是指那些直接与承包商签订合同，分担一部分承包商与业主签订合同中的任务的公司。业主和工程师不直接管理分包商，他们对分包商的工作有要求时，一般通过承包商处理。广义的分包商包括供应商与设计分包商。

（3）供应商

供应商是指为工程实施提供工程设备、材料和建筑机械的公司和个人。一般供应商不参与工程的施工，但是有一些设备供应商由于设备安装要求比较高，往往既承担供货，又承担安装和调试工作。

供应商既可以与业主直接签订供货合同，也可以与承包商或分包商签订供货合同，视合同类型而定。

3. 咨询方

以专业知识和技能为工程建设项目的其他参与方提供高智能的技术与管理服务的一方，一些小型、简单或由于采用项目管理模式造成业主管理任务较为单纯的项目，其管理也完全由项目业主自行承担。但因现代工程建设项目的规模越来越大，技术构成越来越复杂，参与同一项目的单位越来越多，管理目标越定越高，使得项目管理的难度越来越大，造成业主在确定项目后的短时间内筹组可靠有效管理机构的困难大大增加，管理的风险也随之提高，因而产生了对专业管理服务咨询的市场需求，所以对现代的大型工程项目而言，管理咨询方已成为项目业主不可或缺的助手，承担着本来由业主实施的大量管理工作。

4. 其他利益相关方

除上述工程建设项目内部的参与方即在内部参与项目的利益相关机构外，还存在着项目外部的其他利益相关方，包括与项目有关的政府部门、金融部门、受到项目影响的社区及公众等，这些利益相关方并不直接参与项目建设，甚至也不直接从项目获取利益，但其利益均受到项目的影响，与项目存在利害关系，并由此支持或反对项目的进行。

1.3.4 咨询工程师与工程咨询公司

1. 概念

（1）咨询工程师

咨询工程师是以从事工程咨询业务为职业的工程技术人员和其他专业（如经济、管理等）人员的统称。咨询工程师最初于 19 世纪 30 年代出现在施工行业中，他们拥有实践经验，掌握真正的学识和技能。他们既不是实业家，也不是商人，而是独立地提供咨询服务的专家。咨询工程师的主要特征就在于其独立性，他们的实践活动不应存在商业倾向性，他们与设备制造、材料供应厂商和施工承包商之间除了执行合同时的约束之外，没有任何经常的隶属关系。在发达国家，咨询工程师除工程师资格登记外，往往还须在他们工作的地方进行“专业咨询工程师”注册登记。

（2）工程咨询公司

绝大多数咨询工程师都以公司的形式开展工作，因此“咨询工程师”一词在很多场合也用于指工程咨询公司。工程咨询公司是具有独立法人地位的经营实体，其基本业务是向客户（包括需要使用咨询服务的各种企事业单位，乃至政府机构）提供有偿的专业咨询服务。这种咨询服务可以是相对宏观的，如编制地区产业结构与发展规划，制定行业发展战略、产业政策、技术政策等；也可以是微观的，即为某一个工程项目提供有关的技术、设计、管理以及监督和培训等方面的专业服务，或受企业、部门的委托做专题研究或市场调查等。

2. 工程咨询公司在工程建设中的服务对象

（1）为项目业主服务

工程咨询公司的主要服务对象是业主，其服务时间可以涵盖建设项目全寿命周期的各个阶段，服务内容可以涵盖业主负责的各个方面，包括技术、经济、管理和组织等。以业主为服务对象，概括分析工程咨询公司的主要服务工作内容。

在决策阶段，工程咨询公司可以帮助业主开展的工作有：建设环境和条件的调查与分析、项目功能规划、项目定义与目标论证、概念设计、可行性研究、投资规划、风险分析等。

在实施阶段，工程咨询公司可以帮助业主开展的工作有技术、经济、组织和管理等方面，其中技术方面的咨询工作可能有：技术方案分析和论证、工程设计、详细设计（如施工图设计、钢结构的细部设计等）、工程验算、计算等；组织、管理和经济方面的咨询工作可能有：组织设计、融资方案、计划管理、施工管理、现场监督、工程测量服务、合同管理、法律咨询等。

在使用阶段，工程咨询公司可以帮助业主开展的工作有：工程维护保养计划、空间管理、运行数据收集与分析等。

（2）为承包商服务

业主多采用招标的方式选择承包商，以期在保证较高技术水平和质量的前提下获得较低的工程造价。对于大中型项目，一般设备制造厂和施工公司都和工程咨询公司合作参与工程投标。这时工程咨询公司是作为投标者的设计分包商为之提供技术服务。咨询公司分包工艺系统设计、生产流程设计以及不属于承包商制造的设备选型与成套任务，编制设备材料清册、工作进度计划等，有时还要协助澄清有关技术问题；如果承包商以项目交钥匙的方式总承包工程，咨询公司还要承担土建工程设计、安装工程设计，并且协助承包商编制成本估算、投标估价，同时帮助编制现场组织机构图、施工进度计划和设备安装计划，参与设备的检验与验收，参加整套系统调试、试生产等。这里提到的设计，是指详细设计（相当于我国的施工图设计）。

工程咨询公司以分包商身份承揽工程项目咨询，直接服务对象是工程的承包商或总承包商，咨询合同只在咨询公司和承包商之间接触。这时工程咨询公司在从事该项目的所有活动中，不允许在任何意义上代替业主的职责，或代表业主实施监督。由于详细设计的工作量很大，目前很多工程咨询公司的大部分营业收入主要来自于作为分包商的设计分包合同。

（3）联合承包工程

业主可以将工程项目的全部建设任务承包给一个承包商或承包商联合体，并由承包者承担相应的责任与风险的建设任务，这种承包方式，可称为设计、采购、施工（EPC）项目和交钥匙工程。

国外一些大型工程咨询公司，由于实力比较雄厚，往往和设备制造厂家或施工公司联合投标，共同完成项目建设的全部任务。在少数情况下（如一些中小型项目），工程咨询公司甚至可以作为总承包商，承担项目的主要责任与风险。联合其他公司承担 EPC 项目和交钥匙工程，或者作为总承包商（如 CM 模式中的风险型 CM），工程咨询公司的服务内容与作为承包商的设计分包商是基本相似，主要的区别在于所承担的项目风险不同。

虽然联合承包工程的风险相对较大，但可以给工程咨询公司带来更多的利润。作为这些项目的发起人和总体策划公司，已成为国际上大型工程咨询公司开展业务方面的一个趋势。

（4）为贷款方服务

工程咨询公司为贷款银行服务常见的形式是受银行聘请作为顾问，对申请贷款的项目进行评估。由于被聘请的咨询公司必须满足与该项目有关各方没有任何商业利益和隶属关系的条件，所以有时又叫作独立工程师。咨询公司的评估侧重于项目的工艺方案、系统设计的可靠性和投资估算的准确性，并对项目的财务指标再次核算或进行敏感性分析。银行要求独立工程师不受业主和项目有关当事人的影响提出客观、公正的报告。独立工程师的项目评估报告是银行贷款决策的重要参考依据。

工程咨询公司也为国际组织贷款项目提供咨询。国际组织是指跨国的金融、援助机构，包括世界银行和联合国开发计划署、粮农组织以及其他地区性开发机构，如亚洲开发银行、泛美开发银行、非洲开发银行等，这一类机构的贷款基本上用于援助发展中国家。国际组织一般要求其借款人（业主）聘请咨询公司，首先是考虑到发展中国家的工程技术水平与项目组织实施能力，使用咨询公司对项目提供技术援助，使业主能够组织完成比较复杂或比较大的项目，提高项目的成功率，并且以相对较低的造价达到项目预期目标，从而发挥贷款的最大效益（据统计，世界银行贷款项目的成功率在 95%以上）；其次是对项目的执行情况实施监督，贷款机构要求咨询公司提供阶段性工作报告，以掌握项目是否按有关的贷款规定执行，确保设备与土木工程国际招标过程中的公开与公正性，并对项目实施进度予以干预和控制。由此可以看出工程咨询公司在国际金融组织贷款项目中起着十分重要的作用。

（5）为项目融资服务

除了国际金融组织的带行援助性质的贷款项目，许多项目依靠商业银行或财团贷款建设。为了降低项目的风险和融资成本，业主往往需要工程咨询公司参与项目的决策和实施过程。由于工程咨询公司不牵涉到项目有关当事方的内部政策和偏向，可以对项目做出比较客观和公正的评价，因此银行对项目的风险判断和贷款意向在很大程度上取决于业主是否聘请了咨询公司参与项目。另外，如果是 EPC 项目或交钥匙项目，贷款银行还要对承包商的设计分包商进行考察，咨询公司的资格、经验、声誉以至财务状况将关系到项目融资的成败。因此，业主在策划项目时，均需考虑这些因素。这显示出咨询公司对项目融资有着重要的影响，也可以把这种影响视作为融资服务的间接形式。

第 2 章　国际工程项目管理模式分析

2.1 国际工程项目常见的管理模式

在国际上，各个国家、各个国际组织、学会、协会以及专家学者对工程项目管理模式分类不尽相同，本书对常见的项目管理模式进行了梳理和总结，按照工程项目的合同关系、组织管理关系、融资方式将这些模式进行分类，并重点分析了每种模式的概念、特点、优缺点以及适用范围。

国际工程项目管理模式具体分类如下：

（1）按照工程项目的合同关系分类，常见的项目管理模式有设计—招标—建造模式（DBB）、设计—建造模式（DB）和项目集成交付模式（IPD）。其中设计—建造模式（DB）又有以下几种类型：通用的设计—建造（Design-Build，DB）模式、设计—管理模式（Design—Manage，DM）、更替型合同模式（Novation Contract，NC）、设计—采购—施工/交钥匙模式（EPC/Turnkey）。

（2）按照工程项目的组织管理关系分类，常见的项目管理模式有建筑工程管理模式（CM）、项目管理模式（PM）、项目管理承包模式（PMC）。其中建筑工程管理模式（CM）又有代理型 CM 模式和风险型 CM 模式。

（3）按照工程项目的融资方式分类，常见的项目管理模式有建造—

经营—移交（BOT）、私人主导融资（PFI）、公私合营（PPP）。

此外，国际上常见的项目管理模式还有 partnering 模式，Partnering 模式不是一种独立存在的模式，在工程建设中通常要与 DBB、DB、CM 等其他一种项目管理模式结合使用。

2.1.1 按照工程的合同关系分类

1. 设计—招标—建造模式 Design-Bid-Build（DBB）

（1）DBB 模式的概念

DBB 模式，是 Design-Bid-Build 模式的简称，是传统的项目管理模式，这种项目管理模式在国际上最为通用，世界银行、亚洲开发银行贷款项目和采用 FIDIC“施工合同条件”（1999 年第 1 版）的项目均采用这种模式。

该模式将设计、施工分别委托给不同的单位承担，其最大的一个特点是工程项目实施的顺序不可改变，必须按照设计—招标—建造的顺序线性前进，设计完成后开始施工。

DBB 模式由业主和设计单位签订专业服务合同，由业主或业主聘请的咨询顾问负责前期的各项工作，包括前期策划和可行性研究，待项目评估立项后，设计方才能进行设计工作。在设计工作完成后，进行施工招标准备工作，并在设计单位的协助下，选择报价最低或者最有资质的投标人作为施工总承包商，签订施工总承包合同。然后再由施工总承包商分别与材料供应商、设备供应商、工程分包商订立相应的分包合同并组织施工阶段的实施。工程咨询顾问通常承担协调和监督工作，是业主与承包商沟通的桥梁。DBB 模式的组织结构图如图 2-1 所示。

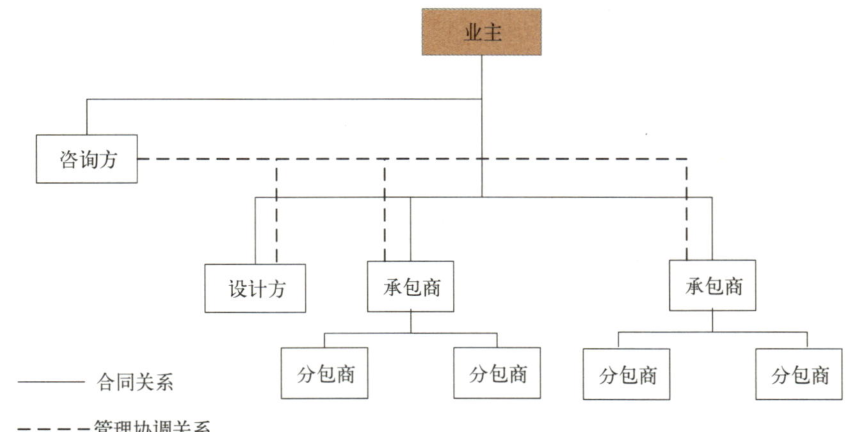

图 2-1　DBB 模式的组织结构图

(2) DBB 模式的优点

1）这种模式是传统的项目管理模式，在国际上被长期广泛的应用，因此管理方法、技术手段成熟；

2）工程建设各参与方对这种传统模式的相关程序都很了解，因此合同管理相对比较简单，有标准化的合同关系；

3）业主对咨询设计人员的选择比较自由，便于意图的贯彻；

4）项目各参与方角色和责任明确，可以采用竞争性招标获得最低报价；

(3) DBB 模式的缺点

1）项目建设周期长，业主前期投入大，工程管理费用高；

2）施工效率不高，设计变更多，容易引起索赔；

3）设计、施工管理协调工作复杂；

4）由于设计和施工相分离，设计者不能很好地吸收承包商的施工经验和先进技术，设计的可施工性较差。

（4）DBB 模式的适用情况

DBB 模式在国际上应用非常广泛，世界银行、亚洲银行贷款项目，以及以 FIDIC 合同条件为依据的项目均采用这种模式。在我国，这种工程项目管理模式已经被大部分人所接受并实际应用，国内建筑市场上普遍采用的“招投标制”、“项目法人制”、“合同管理制”、“建设监理制”等基本上都是参照这种模式发展起来的。

2. 设计—建造模式 Design-Build（DB）

（1）通用的设计—建造（Design-Build，DB）模式

1）通用的 DB 模式的概念

通用的设计—建造模式是一种简练的工程项目的管理模式，在这种模式下业主方首先聘请一家专业咨询公司为其研究拟建项目的基本要求，在招标文件中明确项目完整的工作范围，在项目原则确定后，业主只需选定一家公司对项目的设计 / 施工进行总承包。这种模式在投标时和签订合同时通常以总价合同为基础，但允许价格调整，也允许某些部分采用单价合同。总承包商可以利用本公司的设计和施工力量完成一部分工作，也可以招标选择设计或施工分包商。FIDIC《工程设备与设计 / 建造合同条件》（1999 年第一版）（新黄皮书）即适用这种模式。

业主方聘用工程师（FIDIC“新黄皮书”）或业主代表（美国 AIA 合同条件）进行项目管理，管理的内容除了对施工管理外，对设计也要管理，包括对承包商设计人员资质的审查，对承包商设计文件和设计图纸的审查，按“业主的要求”中的规定检查、审核或批准承包商的文件，参与讨论设计等。

DB 模式是一种简单的工程项目管理模式，业主只需要说明项目的原则和要求，并在此基础上，选择唯一的实体作为设计—建造总承包商，

负责项目的设计与施工安装全过程，并对工程项目的安全、质量、工期、造价全面负责。这种方式的投标和签订合同是以总价合同为基础的，其基本特点是在项目实施过程中保持单一的合同责任。设计建造总承包商需要对整个项目的成本负责，他首先选择一家专业的设计机构进行设计，然后用竞争性招标方式选择分包商，或者是使用本公司的专业人员自行完成一部分或全部工程的设计和施工。DB 模式的组织结构图如图 2-2 所示。

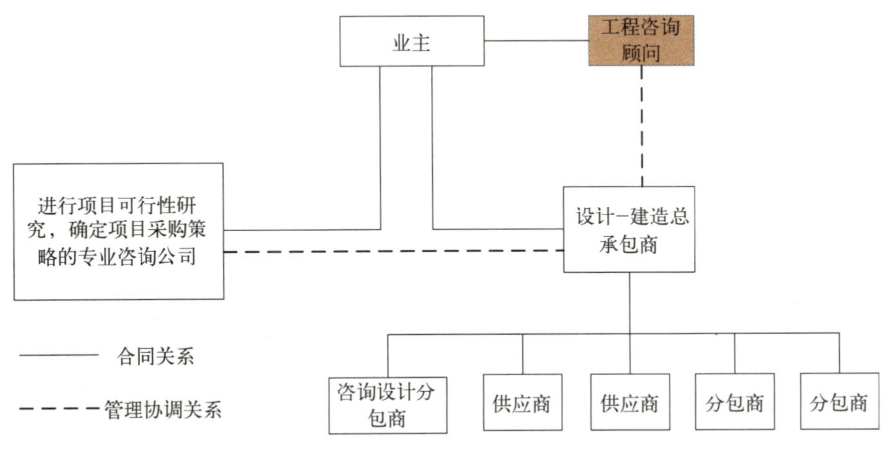

图 2-2　DB 模式的组织结构图

2）DB 模式的优点

① 设计和施工只有一个合同，由一个承包商对整个项目负责，可以有效降低项目的总体成本，缩短项目的总工期；

② 设计—建造方内部有效地沟通，减少了由于设计错误、疏忽和解释争议引起的变更，对业主的索赔减少；

③ 在承包商的选定时，设计方案的优劣作为评标的主要因素。

3）DB 模式的缺点

① 业主的工程项目费用较传统 DBB 模式略高；

② 对业主的报价在详细设计之前完成，项目进入实施后，业主担任监护人的角色，对最终设计和细节的控制能力低，可能出现质量和设计屈服于成本的现象。

4）DB 模式的适用情况

在通用的 DB 模式中，承包商对整个工程承担大部分责任和风险，这种模式可用于房屋建筑和大中型土木、机械、电力等项目。

一般而言，DB 模式适用于规模和难度较大的工程项目。对于把建筑美学方面作为重点，而工期和造价方面不太重视的纪念性建筑或新型建筑，不适宜采用 DB 模式；工程各方面不确定性因素多，风险大的项目，不适宜采用 DB 模式；技术简单、设计工作量少的项目，也不适宜采用 DB 模式。

（2）设计—管理模式（Design–Manage，DM）

1）DM 模式的概念

设计—管理模式通常是指由同一实体向业主提供设计，并进行施工管理服务的工程项目的管理模式。业主只签订一份既包括设计也包括管理服务在内的合同，设计公司与管理机构为同一实体，此实体也可以是设计机构与施工管理企业的联合体。

设计—管理模式可以通过两种形式实施（图 2-3）：

形式一：业主与设计—管理公司和施工总承包商分别签订合同，由设计—管理公司负责设计并对项目实施进行管理。

形式二：业主只与设计—管理公司签订合同，再由该公司分别与各个单独的分包商和供应商签订分包合同，由他们负责施工和供货。

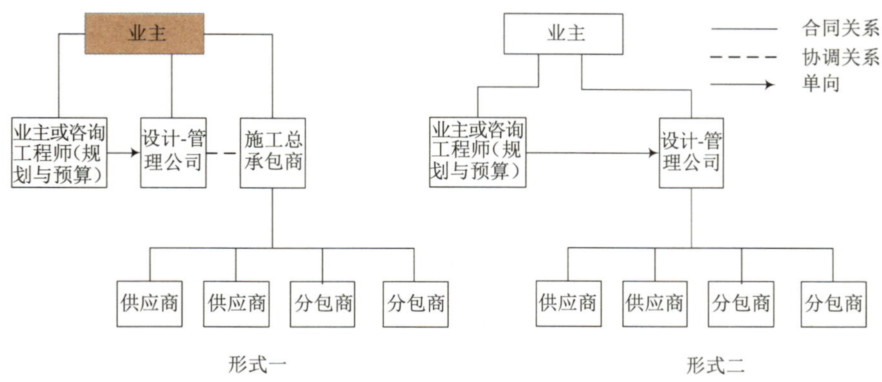

图 2-3　DM 模式的两种组织结构图

2）DM 模式的优点：

① 可对总承包商或分包商采用阶段发包方式以加快工程进度。

② 设计一管理公司的设计能力相对较强，能充分发挥其在设计方面的长项。

3）DM 模式的缺点：

由于设计一管理公司往往对工程项目管理能力较差，因此可能不善于管理施工承包商，特别是在形式二的情况下，要管理好众多的分包商和供应商，对设计一管理公司的项目管理能力提出了更高的要求。

（3）更替型合同模式（Novation Contract，NC）

1）NC 模式的概念

更替型合同模式即业主在项目实施初期委托某一咨询设计公司进行项目的初步设计（一般做到方案设计或更多），当这一部分工作完成（根据不同类型的建筑物，可能达到全部设计要求的 30% ~ 80%）时，业主可开始招标选择承包商，承包商与业主签约时的内容，除施工外，还包括承担全部未完成的设计工作，并规定承包商必须与原咨询设计公司签订设计合同，完成剩下的一部分设计。此时，咨询设计公司成为设计分包商，对承包商负责，由承包商对设计进行支付。组织结构如图 2-4 所示。

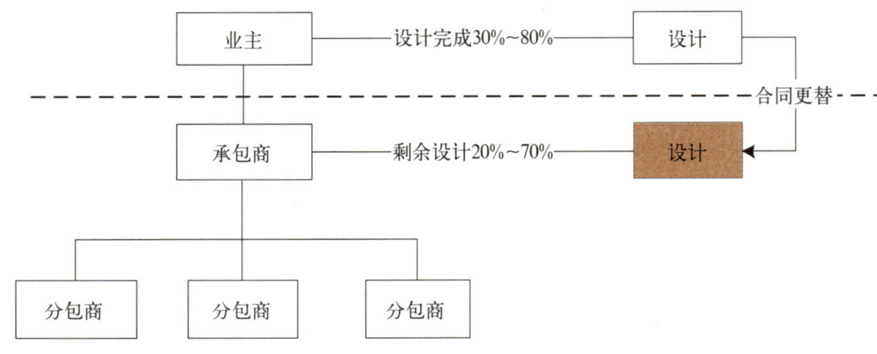

图 2-4　NC 模式的组织结构图

2）NC 模式的优点

① 既可以保证业主对项目的总体要求，又可以保持设计工作的连贯性；

② 可以在施工详图设计阶段吸收承包商的施工经验，提高设计的“可施工性”并有利于加快工程进度、提高施工质量；

③ 可减少施工中设计的变更；

④ 由承包商更多地承担这一实施期的风险管理，为业主方减轻了风险；

⑤ 后一阶段由承包商承担了全部设计—建造责任，合同管理也较易操作。

3）NC 模式的缺点

① 业主方必须在前期对项目有一个周到的考虑，因为设计合同转移后，变更就比较困难；

② 在签订新合同时，要仔细研究新旧设计合同更替过程中的责任

和风险的重新分配，以尽量减少以后的纠纷。

（4）设计—采购—施工 / 交钥匙模式（EPC/Turnkey）

1）EPC 模式的概念

EPC（Engineering procurement construction）模式，即承包商向业主提供包括设计、施工、设备采购、安装和调试直至竣工移交的全套服务，有时还包括融资方案的建议。FIDIC《设计—采购—施工（EPC）/ 交钥匙合同条件》（1999 年第一版）（银皮书）即适用于这种模式。

EPC 在发达国家的发展和应用已经有近百年的历史，其最大的特点就是将“设计—采购—施工”一体化，把人力、物力、财力有效地组合到工程建设项目上来，以减少资源的浪费，真正实现责任与权力、风险与效益、过程与结果的有效统一。EPC 模式的组织结构图如图 2-5 所示。

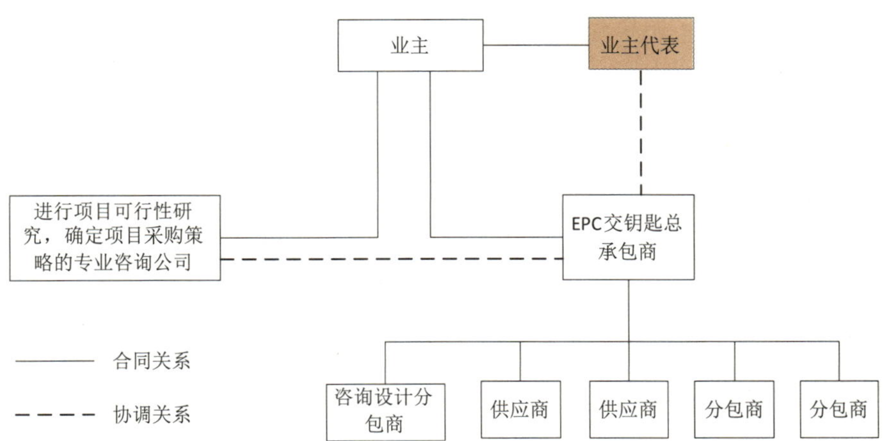

图 2-5　EPC/Turkey 项目管理模式组织结构图

2）EPC 模式的优点

① 合同管理的工作量少

EPC 模式下合同结构简单，业主的组织和协调任务量小，业主通过合同将拟建项目的实施委托给总承包商负责，由总承包商负责项目的设计、采购和施工，并协调自己内部和分包商之间的关系，因此，对总承包商的技术和管理水平要求较高。

② 合同为固定总价合同

EPC 模式下，设计、采购、施工融为一体，不但要求承包商具有设计、采购和施工能力，还要求其具有较强的融资能力和项目管理能力，从而会促进承包商全面提升综合实力。同时，由于 EPC 项目大多采用固定总价合同，承包商的风险较大，会促使承包商加强风险管理，以期获得更高的收益。

业主与总承包商先商定合同价格，考虑到可能发生的风险，合同价格一经确定，便不能随意变动，业主一般不允许承包商因费用的变化而调价。因此，总承包商的风险较大。

③ 有利于承包商综合实力的提高

在 EPC 模式下，设计、采购、施工融为一体，不但要求承包商具有设计、采购和施工能力，还要求其具有较强的融资能力和项目管理能力，从而会促进承包商全面提升综合实力。同时，由于 EPC 项目大多采用固定总价合同，承包商的风险较大，会促使承包商加强风险管理，以期获得更高的收益。

④ 信任与监督并存

业主对总承包商的信任是项目顺利进行的前提，在 EPC 模式下，业主对总承包商的工作只进行有限的控制，承包商的工作方式相对比较自由，业主代表被授予的权利较小，业主一般只需要派出少量的管理人员对建设过程进行总体控制，因此，在一定程度上有利于业主进行项目群管理。

⑤ 项目各参与方责、权、利明确

采用 EPC 模式，由于总承包商对项目实行全过程的管理大大减少了业主的合同界面，降低了业主的项目运营费用和风险。业主、总承包商、咨询单位或者是项目管理公司各方责、权、利明确，有效地避免了扯皮现象，更加有利于以实现项目目标为中心任务的组织结构的确立，以保证工程的顺利进行。

⑥ 有利于项目目标的实现

项目的总承包商在项目早期介入项目，使项目工期具有更大的确定性。EPC 模式使设计、采购、施工融于一体，设计和采购之间的经常性沟通避免了采购中的一些不必要的损失，设计和施工之间的顺利配合使工程质量和投资能更好地协调，项目在统一的框架下运作，减少了各阶段的中间环节，从而使目标、行动一致，以更好的保证项目目标的实现。

3）EPC 模式的缺点

①EPC 模式对总承包商的要求较高，总承包商需要具备设计、采购、施工等多方面的实力，并且要求总承包商有较高的技术和管理水平，因此在国内对于总承包商的选择比较困难；

② 若业主要求调整或变更设计方案，所带来的成本增加的风险将由业主承担，这样会加大业主的风险。

总承包商要对整个项目的质量、工期和成本负责，因此风险较大。

4）EPC 模式的适用情况

EPC 模式适宜在建设体制规范比较完善，建设市场发展相当成熟的西方发达国家中使用，但该模式在我国的建设实践中还存在许多缺陷，因此应用较少。

EPC 模式适用于规模大、工期长、技术复杂的大型工程项目。

这种模式与前面所述的通用的设计—建造模式类似，但承包商往往承担了更大的责任和风险，由业主代表对项目进行直接的较宏观的管理，不再设置工程师。EPC主要应用于以大型装置或工艺过程为主要核心技术的工业建设领域，如通常包括大量非标准设备的大型石化、化工、橡胶、冶金、制药、能源等项目，这些项目共同的特点即工艺设备的采购与安装和工艺的设计紧密相关，成为投资建设的最重要、最关键的过程。

3. 集成项目交付（Integrated Project Delivery，IPD）模式

（1）IPD模式的概念

在美国等发达国家，BIM系列软件已经逐步普及并运用，IPD模式实现高度协同的重要技术支撑便是依托于BIM平台。

IPD（Integrated Project Delivery，集成项目交付），是建设项目的一种交付模式，是现阶段建设项目交付模式新的发展方向。

2007年加州委员会和美国建筑师学会联合发布了IPD指南，该指南把IPD定义为："整合体系、人力、实践和企业结构为一个统一过程，通过协作平台，充分利用所有参与方的见解和才能，通过设计、建造以及运营各阶段的共同努力，使建设项目结果最佳化、效益最大化，增加业主的价值，减少浪费"。在IPD模式中，包括项目的初期规划设计、施工建造再到最终的项目竣工交付，业主、设计院和总承包商、分包商等参与方通过实现高效地协作，进而达到项目目标的整体实现。

（2）IPD模式的特征

1）参与方早期介入

IPD模式要求建设项目的主要参与方在项目的前期尽早地参与到项目中，能在项目初期把各自的知识和经验充分运用到建设项目中。项目参与方的尽早参与，一方面可减少错误在整个项目过程中各阶段的发生概率，另一方面还可以将项目的整体执行效率提高。在建设项目的前期，主要项目参与方的经验、社会关系和知识等都是项目实施的重要资源，可以为项目的顺利起步和成功实现提供有力保障。

2）团队合作

IPD模式要求，项目所有参与方在建设项目的全生命周期内能够密切地合作，将共同制定的项目目标完成，并努力促使项目收益达到最大化。与传统的项目交付模式相比，IPD最大的不同点便是试图在业主、设计院、总承包商和其他项目参与方之间搭建起一种相互合作关系。通过这种合作关系的构建，能够使项目各方利益趋于一致，进而降低甚至消除建设项目的风险，而不像传统交付模式一样致力于如何将项目风险转移。英国政府商务办公室（UKOGC）的研究表明，建设项目运用IPD模式，集成项目团队可以在IPD模式下，促使建设项目持续稳定改善一系列的项目绩效，将项目建设成本实现高达30%的节省。所以，通过团队间的合作，IPD可以在整体上提高建设项目的效率，节约建设成本。

3）各参与方拥有共同利益

在IPD模式中，项目各参与方被要求早期介入项目并进行相互合作，因此利润分配机制必然就会随之形成。若将项目整体的利润分配机制与项目各参与方对项目的贡献值相联系匹配，这样可以使项目的成功与每个参与方各自的成功有机统一。所以在IPD模式中，参与方个人的利益完全依赖于项目的整体收益，也正是因为这样，项目各参与方对项目成功的关注度才会自然地上升，这样也有利于项目的整体成功。

(3) IPD与其他交付模式的差异

20世纪80年代，许多建设领域的学者都提出建设工程中需要具备合作精神，他们认为如果项目所有参与团队都要能够协同合作、互相帮助的话，那么项目建设过程中的纠纷不断、利益冲突的情况必将得到很大的改善。在这种背景下，Partnering交付模式应运而生。Partnering交付模式由项目主要的参与方共同协商议题、共同定义目标，其最主要的特点是要建立一个具有良好畅通沟通渠道的项目团队。虽然 Partnering 模式的确可以帮助建设项目各相关方共同建立起相互合作关系，但是遗憾的是这种模式随着问题的出现很快就会解体，因为其不具有法律层面的保证性。而 IPD 模式的出现，改善了这种困境，使得项目各参与方能够建立持久的合作关系。

IPD 模式是一种新的组织和实施建设项目的交付模式，传统项目交付模式与 IPD 之间的主要差异则体现在合同条款、组织架构、项目团队关系和薪酬架构四个方面。

1）合同条款

在传统的交付模式中，建设项目的合同模式并非关注项目整体利益而是以维护合同各参与方利益为主。由于建设项目合同的缺陷，导致各参与方之间容易产生多种合同纠纷，使得项目整体执行效率降低。目前的建设项目合同模式中，还存在多种系统性的问题，这些问题会限制参与方之间的合作以及产品创新，阻碍项目参与方提出对项目有利的提议，进而促使项目各参与方将各自的利益最优化等。以关系型合同著称的 IPD 合同则不同，因为它的重点不是考虑最终产品，而是兼顾考虑合同过程。如果合同主体在合作中相互欣赏，期望能够将来再次合作时，他们可以在当前的交易与合作中考虑将来的合作关系，甚至可以加入到 IPD 合同内容中。

在建设项目 IPD 模式中，主要使用的合同模式有：AIAC195（单一目的个体协议，Single-Purpose Entity），这种合同模式首先需要创立一家有限责任公司，这家公司以项目的规划、设计和施工建造为唯一目标，并将一切实施原则通过成立的公司来拟定和执行；AIA C191（单一的多方主体协议，Single Multi-Party Agreement），该模式由业主、设计院、总承包商和其他项目主要参与方制定标准的多方合作协议，实施单一的设计、施工和试运转合同；Consensus Documents 300（三方协议，Tri-Party Agreement），此协议模式试图主要通过项目设计和施工中的协同管理，仅要求业主、设计院和总承包商三方签订一份三方合作协议，将项目中收益和风险共享，使三个主要参与方的利益达成共识。

2）组织架构

目前，建设行业已经实际开展的 IPD 项目组织结构模式主要有三类，如图 2-6 ～图 2-8 所示。美国行业协会 AIA 的标准合同体系则涵盖了这三种组织模式。

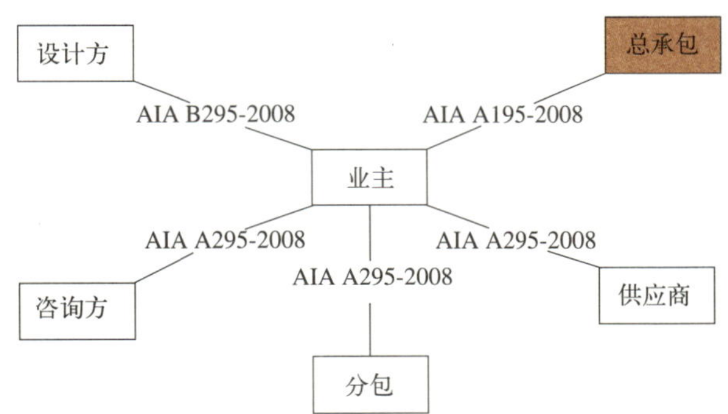

图 2-6　以 IPD 理念改进传统交付模式的组织结构图

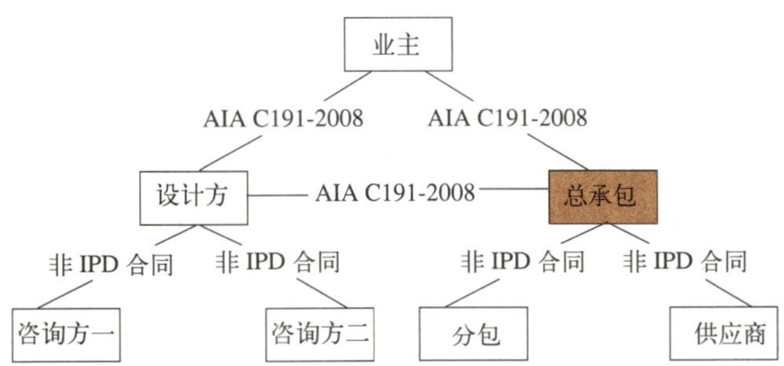

图 2-7　多参与方合同下的 IPD 组织结构图

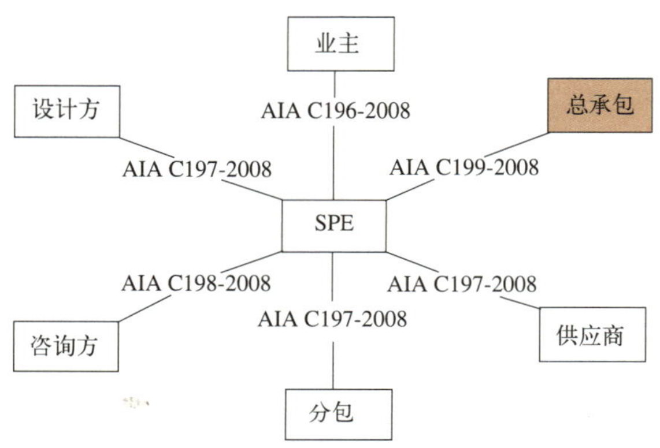

图 2-8　SPE 下的 IPD 组织结构图

如图 2-6 ～图 2-8 所示，在 IPD 的三种组织结构模式中，以 IPD 理念改进传统交付模式的组织结构以及多参与方合同下的 IPD 组织结构这两种与传统模式基本一致，只是在执行构架中采用了 IPD 标准合同。第三种组织结构模式——SPE 下的 IPD 组织结构是一种由 IPD 模式所创建的全新组织结构模式。在 SPE 下的 IPD 组织结构模式中，保证多参与方组成 SPE（单一目的实体，Single Purpose Entity）是 IPD 项目成功实施的关键因素，其中 SPE 是针对建筑物复杂程度高、体量大、建设时间长、后期运营维护要求高的 IPD 项目所成立的有限责任公司，公司组成即 IPD 项目的主要参与方。

3）团队关系

建设项目中，阻碍执行团队产生协同合作意识的主要原因是——建设项目不同主体间缺乏足够的信任。当前，由于建筑业中项目团队成员间的高度不信任，导致各参与方间诉讼案件的增多，这说明建设项目中相互尊重和信任是建设项目成功的前提，信息只有在充分融洽与和谐的团队环境中才能做到高度共享。IPD 模式中，项目所有参与方被鼓励开放式地、公开透明地合作和沟通，在参与方之间的 IPD 模式最为重要的一项执行原则便是信任和尊重。只有通过各方建立承诺和合同关系，信任才能够得到保证，并且要求只有合同各参与方同时存在信任和尊重的关系，才能使各方乐于接受项目存在的风险，积极合作地完成共同的项目目标。

4）薪酬架构

在建设项目的传统交付模式下，业主是整个项目的主导方，其与项目其他参与方所签订的合作协议合同决定了其他参与方在项目中所得的薪酬组成。正常情况下，设计院、总承包商等参与方与业主的合同中都会明确指出项目利润比例、奖励惩罚条款等，即在项目工程量没有重大变更的情况下主要参与方的薪酬比例是基本固定的。而 IPD 模式中，薪酬架构主要以有效地激励项目所有参与方实现项目整体利益为出发点，存在更大的弹性空间。

IPD 模式中，业主主要承担项目的直接成本和费用，项目的执行成果决定项目各参与方的利润和奖金分配比例和模式。另外，项目执行成果还决定着项目的风险管理方式，这也是传统的项目交付模式中最具有挑战性的方面。虽然在 IPD 模式中建设项目潜在的风险与传统模式大致相同，然而 IPD 模式中关于风险的管理则通过把项目的风险和不确定性与项目最终的团队执行成果相联系，保证了处理方法的更加公平公正。在此基础上，IPD 模式为项目参与方提供与项目最后执行成果相关的奖励和惩处，将项目管理工作反映到项目的薪酬架构中，可以以项目成功为整体目标，调整各参与主体的目标，使各方各行其职，减少项目风险，更好地控制项目全过程。

4. 总结

对传统的 DBB、DB/EPC 项目管理模式进行对比与总结，表 2-1 列出了 DBB、DB/EPC 项目管理模式的特征比较。

DBB、DB/EPC项目管理模式的特征比较　表2-1

特征	DBB	DB/EPC
责任的分散程度	中等	有限
承包商的选择范围	中等	有限
成本确定的时间	中等	早
需要业主在项目初期提出准确要求	否	是
是否在确定设计大纲时可获得第三方的帮助	是	否
施工动员速度	慢	快
发布变更的灵活性	一般	有限
采用标准合同的可行性	是	是
对项目建议不断完善的能力	一般	有限
对成本的监督	好	差
施工方参与设计过程	中等	好
对设计过程的管理	好	差
对专业承包商选择的影响	有限	无
监督施工材料和工艺质量	中等	中等
承包商对工程款的利用机会	有	有
对承包商有效管理的激励	强	强
产生争议的可能性	高	中等

注：此表来源于英国皇家建造师学会（CIOB）《建设与开发项目管理实用规程》（2002年第3版）。

2.1.2　按照工程项目的组织管理关系分类

1. 建造管理模式 Construction Management（CM）

（1）CM 模式的概念

建设工程管理模式又称阶段发包模式（Phased Construction Method）或快速轨道方式（Fast Track Method），最先在美国产生，是在国外较为流行的一种合同管理模式。这种模式采用的是“边设计、边发包、边施工”的阶段性发包方式。其基本思想是：由业主委托一个CM承包商，采用有条件的边设计、边施工，即快速跟进的生产组织方式进行施工管理，指挥施工活动，并通过各阶段设计、招标、施工的充分搭接，尽可能地使施工早开始，以加快工程建设进度。

CM模式的工程实施示意图见图2-9。

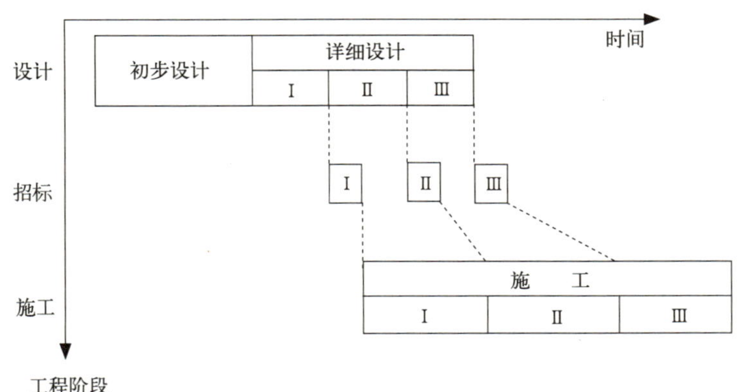

图2-9　CM模式工程实施示意图

(2) CM模式的优点

1）可以缩短工程从规划、设计到竣工的周期，整个工程可以提前投产，较早的取得收益；

2）CM经理早期介入设计管理，设计过程中预先考虑施工因素，改进设计的可施工性，减少设计变更。

(3) CM模式的缺点

1）分项招标可能导致承包费用较高，需做好分析比较，充分发挥各个专业分包商的专长；

2）业主在项目完成前对项目的总造价心中无数。

（4）CM 模式的分类

根据合同关系的不同，分为代理型（CM Agency）和风险型（CM at risk）两种模式。代理型 CM 模式中 CM 单位只是业主的咨询单位，为业主提供 CM 服务，业主直接与多个分包商签订工程施工合同。风险型 CM 模式，是由 CM 单位与各分包商签订合同，业主一般不与分包商签订合同，CM 单位向业主保证最大工程费用 GMP，若实际工程费用超过 GMP，则超出部分由 CM 单位负责。

CM 模式的组织结构图如图 2-10 所示。

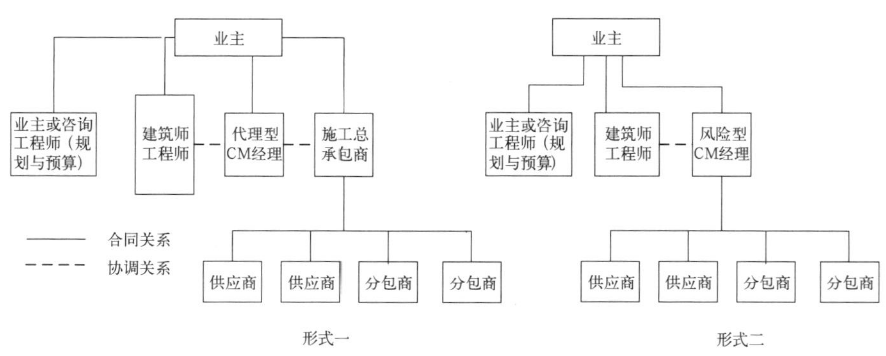

图 2-10　CM 模式的两种组织结构图

1）代理型 CM 模式

代理型 CM 模式中 CM 单位只是业主的咨询单位，为业主提供 CM 服务，业主直接与多个分包商签订工程施工合同。采用这种模式时，CM 经理是业主的咨询和代理，替业主管理项目，按照项目规模、服务范围和时间长短收取服务费，一般采用固定酬金加管理费，业主在各施工阶段和承包商签订施工合同。

① 代理型 CM 模式的优点：

a. 业主可以自由选定设计方；

b. 业主在招标前可以确定完整的工作范围和项目原则；

c.CM 方可以提供完善的管理与技术支持。

② 代理型 CM 模式的缺点：

a. 在整个项目的成本明确之前，投入较大；

b. 可能出现较大的变更与索赔，业主方面临较大的投资风险；

c. 由于分阶段招标，CM 经理不能保证成本和进度。

③ 代理型 CM 模式业主方的风险：

a. 项目前期策划事务的风险；

b.CM 经理选择失误的风险；

c. 设计风险；

d. 进度和投资控制的风险。

2）风险型 CM 模式

风险型 CM 模式，是由 CM 单位与各分包商签订合同，业主一般不与分包商签订合同，CM 单位在前期和设计阶段相当于业主的顾问，在施工阶段承担总承包商的角色，CM 单位可以向业主保证最大工程费用 GMP，若实际工程费用超过 GMP，则超出部分由 CM 单位负责；若低于 GMP，节约的投资归业主，但可按约定给予 CM 单位一定比例的奖励性提成。这里所说的 GMP 包含工程的直接成本、间接成本和 CM 单位的酬金（包含管理费、风险费、利润和税金等），但是不包括业主的管理费、设计费、不可预见费、土地费、拆迁费以及业主自行发包、采购等的费用。因此，风险型 CM 的服务费要比代理型高一些。

① 风险型 CM 模式的优点：

风险型 CM 模式除了具备代理型 CM 模式的优点外，还有以下优点：

a. 业主方对总投资可以做到心中有数；

b. 业主的投资风险小，加大对投资的控制；

c. 业主可以在项目初期就确定项目组的成员。

② 风险型 CM 模式的缺点：

a. 能够担任风险型 CM 的单位比较少；

b. 确定 GMP 时，业主方和 CM 方的意见容易不统一。

③ 风险型 CM 模式业主方的风险：

a. 项目前期策划失误的风险；

b. 设计的风险；

c. 可能面临 GMP 过高的风险；

d. 不易选择能够承担风险型 CM 的单位。

CM 模式更多地出现在美国体系中，而在英国体系和 FIDIC 合同体系中，更多的使用 PM、PMC 模式，可以认为代理型 CM 模式和 PM 模式类似，风险型 CM 模式和 PMC 模式类似，本书第五章对 PM、PMC 模式的分析也适用于代理型 CM 模式和风险型 CM 模式。

2. 项目管理模式 Project Management（PM）

（1）PM 模式的概念

PM 模式，又称项目管理模式，是指工程项目管理企业（简称 PM 公司）受业主委托，按照合同约定，代表业主对项目的组织实施进行全过程或若干阶段的管理和服务。其职责范围包括项目的可行性分析和策划、招标代理、设计管理、采购管理、施工管理以及竣工验收和试运行等各项工作，PM 合同是委托合同，业主可以随时根据情况调整对 PM 公司的委托范围，PM 公司依照合同约定在职责范围内开展工作，并承担相应的管理责任。PM 模式的组织结构图如图 2-11 所示。

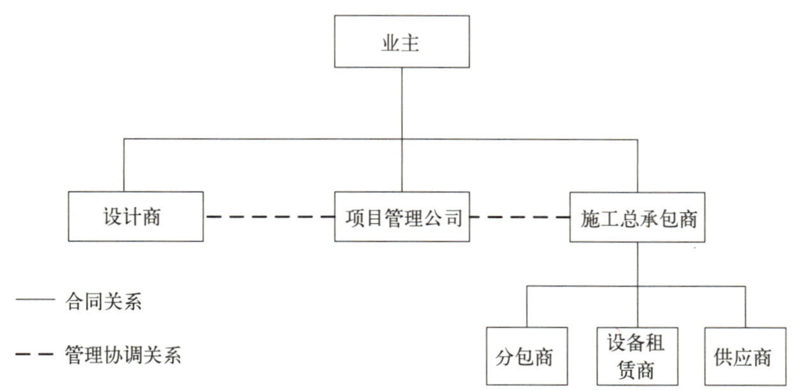

图 2-11　PM 模式的组织结构图

根据 PM 公司的授权范围和内容以及 PM 公司是否对实现项目目标承担责任两方面，可以将项目管理分为以下几种模式：

1）PM 公司依据合同作为业主的代表全权行使业主的各项职能并承担相应责任，包括项目供应商、承包商、相关中介咨询机构的选择并签订合同。这种模式下 PM 公司具有很大的权利，同时也承担很大的责任，当达不到合同约定的工期、质量、造价等相关方面的要求时，PM 公司要承担违约责任。

2）工程项目建设各合作方的选择和合同的签订由业主自行完成，PM 公司依照合同的约定进行项目管理并承担相应责任。这种模式下 PM 公司有较大的管理范围和权利，业主在签订 PM 合同时应该充分调动 PM 公司的积极性，按照 PM 公司的承诺或投标书订制详细的考核指标，当由于 PM 公司的管理造成工程项目的目标不能实现时，PM 公司要承担违约责任。

3）PM 按照合同规定，对项目的质量、投资、工期进行管理，并协调项目相关各方面的关系，业主自行完成项目各相关单位的选择以及合同的签订。相对于前两种模式来说，这种模式下 PM 公司仅仅是管理协调各相关单位，权力很小，重大问题的决策还需要业主来决定。该模式合同委托的范围灵活，PM 公司作为业主的代理人，对工程项目目标是否实现不承担责任。

4）PM 公司不仅承担工程项目的管理工作，还可能承担项目的咨询工作，包括项目的可行性研究、设计等工作，这种模式下 PM 公司的职责范围是以上 3 种模式的一种或多种的衍生，除了承担项目的咨询工作的责任外，还承担与项目管理有关的责任，具体操作情况根据 PM 合同来确定。

在具体的项目管理操作过程中，可以灵活应用以上几种模式，业主可以根据自己的需要，将项目的某个阶段，或者是几个阶段中的某些部分委托项目管理。在以上几种应用模式中，第二种和第四种模式在我国具有较强的可行性，是我国目前项目管理的主要模式，随着我国项目管理机构的逐渐成熟和市场经济的不断发展完善，第一种模式将成为项目管理发展的主要方向。

PM 模式与 PMC 模式相比，PM 模式下的项目管理公司不与承包商签订合同，而只是管理协调关系，从本质上来说属于管理型模式。

（2）PM 模式的优点

1）PM 模式下，项目委托给 PM 公司管理，大幅减少了业主方的工作量；

2）由于 PM 公司具有大量的专业人才和较高的管理水平，有利于帮助业主更好的实现工程项目目标，从而提高投资效益；

3）在 PM 模式下，业主可以根据自身的情况和项目的特点来选择不同的项目管理模式，工作内容和范围比较灵活。

（3）PM 模式的缺点

PM 模式作为一种新型的管理模式在我国起步较晚，对 PM 公司的职业道德标准、执业标准和行为标准还未形成，因此对 PM 公司履行职责的评价比较困难，并且业主和 PM 公司双方对于职责的认识还不够全面、系统。

（4）PM 模式的适用情况

目前，PM 模式作为一种新型的工程管理模式正越来越多地被应用于我国的工程实际中。从国际上来看，PM 公司提供的项目管理服务贯穿了从项目前期到项目实施各阶段直至竣工验收全过程，但我国现阶段的项目管理还主要应用于项目实施阶段。

3. 项目管理承包模式 Project Management Contracting（PMC）

（1）PMC 模式的概念

PMC 是指业主通过招标的方式聘请一家有实力的项目管理承包商（公司或公司联营体），对项目的全过程进行集成化的管理。PMC 在国外也常简称为管理承包（Management Contracting，MC）。

项目管理公司先与业主签订 PMC 合同，然后再与各分包商签订合同，在这种模式下，由项目管理公司负责对工程项目进行计划、管理、协调、控制，为业主提供工程管理服务，而工程项目的具体实施则由各分包商完成。管理承包商和施工承包商的合同可以采用单价合同、总价包干合同或成本补偿合同，但需得到业主的批准。在支付时，业主方要审查管理承包商对施工承包商的支付申请，业主要求管理承包商在管理施工项目时控制成本，如果成本超出双方约定的百分比，则适当减扣管理酬金以促进管理承包商控制成本。

在项目前期阶段，项目管理承包商代表业主进行前期管理，包括：项目前期策划，可行性研究，项目定义、计划、融资方案，项目实施方案，编制招标文件，完成项目招标、评标等。在项目实施阶段，项目管理承包商负责项目的全部管理、协调和监督工作，由各项目分包商负责完成项目的详细设计和工程施工，直至项目全部完成，PMC 模式的组织结构图如图 2-12 所示。

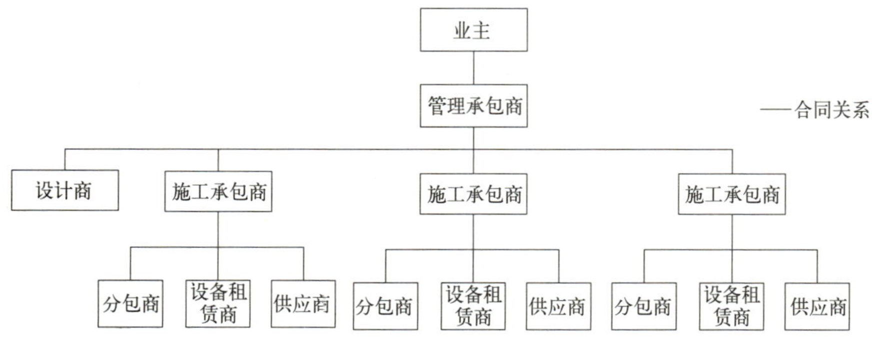

图 2-12　PMC 模式的组织结构图

PMC 模式与 PM 模式的区别：1）PMC 模式下分包商的选择和合同的签订由项目管理承包商完成，在 PM 模式下则由业主自行选择设计、施工、供货单位并签订合同，然后与 PM 公司签订合同。2）在 PM 模式下，项目管理承包商代表业主对整个项目的全过程实施管理和服务，而 PM 公司是根据合同约定对建设项目的全过程，或者是项目的若干阶段实施管理和服务。3）PMC 公司和 PM 公司的职责范围不同。PMC 公司作为业主的代表全权行使业主的各项职能，而 PM 公司却是根据合同规定对项目的某个或几个阶段实施质量、进度、合同、费用、安全等管理和控制。因此，PM 模式一般被称为项目管理服务，而 PMC 模式被称为项目管理承包。

（2）PMC 模式的优点

1）由专业的项目管理公司对整个项目进行科学化的管理，有利于提高项目管理水平，节约项目投资；

2）有利于进行设计优化，使项目的寿命周期成本最低；

3）有利于业主取得高额的非公司负债型融资。

4）业主的管理工作简单。在 PMC 模式下，业主只需保留很小部分的管理权力和对一些关键问题的决策权，而由 PM 公司负责绝大部分的项目管理工作。

（3）PMC 模式的缺点

1）PMC 模式的适用范围较小，只适合于大公司业主联合的大型工程项目的管理；

2）PMC 项目一般比较复杂且难度很大。

（4）PMC 模式的适用情况

英国土木工程师学会（ICE）认为：对于复杂的设备安装或包含大型设备制造安装的综合性工程项目，如工业生产制造基地、核电站、大型综合性商业楼群等，涉及跨行业的多个技术领域，必须由不同专业的很多承包商分别提供制造供货、安装施工、调试运行等专业服务。当业主缺乏足够的技术资源和能力协调管理这样数量很多的跨专业合同时，可以委托一个“管理承包商”，组织各个专业合同的招标，并全面组织管理工程。但在道路、桥梁、房屋建筑等以土建工程为主的基建项目上则很少采用。

PMC 模式通常适用于国际性的大型工程项目，主要包括：1）业主由多个公司组成甚至有政府部门参与的项目；2）由于内部资源短缺而难以实现的项目；3）技术复杂且投资超过 10 亿美元的大型工程项目；4）业主不以原有资产进行担保的项目；5）需要得到出口信贷机构或商业银行国际信贷的项目。

4. 总结

对以上三种项目管理模式进行对比与总结，表 2-2 列出了 CM、PM、PMC 三种项目管理模式的特征比较。

CM、PM、PMC三种项目管理模式的特征比较　　表2-2

特征	PM/ 代理型 CM	PMC/ 风险型 CM
责任的分散程度	大	小
承包商的选择范围	中等	大

续表

特征	PM/ 代理型 CM	PMC/ 风险型 CM
成本确定的时间	晚	晚
需要业主在项目初期提出准确要求	否	否
是否在确定设计大纲时可获得第三方的帮助	是	否
施工动员速度	快	快
发布变更的灵活性	一般	好
采用标准合同的可行性	是	是
对项目建议不断完善的能力	一般	好
对成本的监督	合理	好
施工方参与设计过程	好	好
对设计过程的管理	好	好
对专业承包商选择的影响	好	好
监督施工材料和工艺质量	中等	好
承包商对工程款的利用机会	有	否
对承包商有效管理的激励	弱	强
产生争议的可能性	中等	高

注：此表来源于英国皇家建造师学会（CIOB）《建设与开发项目管理实用规程》（2002年第3版）

2.1.3 按照工程项目的融资方式分类

1. 建设—经营—转让模式 Build—Operate—Transfer（BOT）

（1）BOT 模式的概念

BOT（Built-Operate-Transfer）模式，即“建设—经营—转让”模式，兴起于 20 世纪 80 年代，是政府吸引私营机构来承建国家公共基础设施项目的一种融资方式。政府与私营机构形成一种“伙伴”关系，通过提供一定期限的特许权协议，将本应由政府承办的公共基础设施建设交给私营机构负责，由私营机构负责项目的融资、建设、经营和维护，并根据特许权协议在规定期限内经营项目获取利润，特许期结束后，将项目完整地、无偿地交还给政府。特许权协议在 BOT 模式中占有关键性的地位，因此 BOT 模式也称为“特许权融资”模式。BOT 的典型组织结构图如图 2-13 所示。

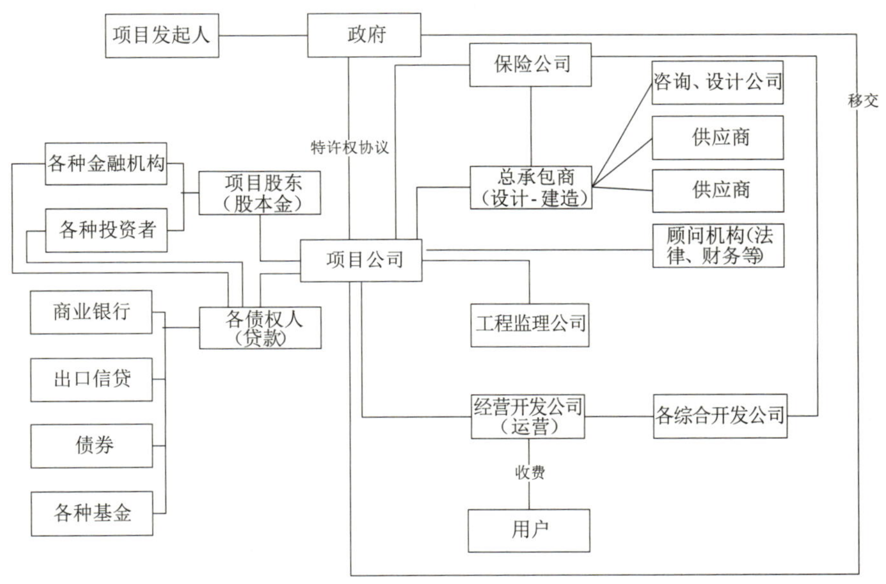

图 2-13　BOT 模式典型结构图

根据世界银行《1994 年世界发展报告》的定义，BOT 模式在推广应用中至少衍生出以下几种建设方式：

1）标准的 BOT 模式，即“建设—经营—移交”方式；

2）BOOT 模式，即“建设—拥有—经营—移交”方式，指私营企业在项目特许期内既拥有项目的经营权，又拥有项目的所有权；

3）BOO 模式，即“建设—拥有—经营”方式，指项目开发商负责建设并经营某项基础设施项目，并且不将项目移交给政府；

4）BLT 模式，即“建设—租赁—移交”方式，指政府将某项基础设施项目交给私营机构建设，在项目运营期内，政府成为该项目的租赁人，私营机构获取租赁收益，并在租赁期结束后，将项目全部移交给政府；

5）此外，还有 BOOST（建设—拥有—经营—补助—移交）、ROT（改造—经营—移交）、BT（建设—移交）、BTO（建设—移交—运营）、IOT（投资—运营—移交）、ROO（移交—运营—拥有）等模式。

（2）BOT 模式的优点

1）可以利用私营机构投资，缓解政府的财政负担，减少或避免由于政府投资可能带来的各种风险；

2）有利于提高项目的运营效益。一般 BOT 模式都涉及投资大、建设周期长所带来的风险，贷款机构对私营企业的要求比对政府更加严格，而私营机构自身为了减少风险，会加强管理，控制造价，有利于项目建设成本的降低和缩短工期；

3）对于一些急需建设而政府目前又无力投资建设的公共基础设施项目，采用 BOT 模式融资，可以利用私营企业的资金，提前建成发挥作用，从而提前满足社会与公众的需求；

4）BOT 模式给一些大型承包公司提供了更多的发展机会，有利于刺激经济的发展，提高就业率；

5）BOT 模式可以带来技术转让、培养专业人才、发展资本市场等利益，其整个运作过程都与东道国的法律法规相关，因此，有利于促进东道国法律制度的健全与完善。

（3）BOT 模式的缺点

1）BOT 模式前期投资大，融资成本高，且前期时间过长；

2）项目参与方众多，各方关系错综复杂，且建设周期长，因此项目存在较大的风险；

3）在合同规定的特许期内，政府失去对项目的控制权。

（4）BOT 模式的适用条件

BOT 模式是政府职能与私人机构功能互补的历史产物，特别适应于国家近期急需建设的大型基础设施项目，这些项目要求投入大量的资金，且技术要求高，完工期限紧，往往要求在设计和概念上提出新的构思。因此，BOT 模式的融资对象一般是资信可靠，实力雄厚的国际公司或财团。

2. 私人主导融资（Private Finance Initiative，PFI）

1992 年，英国提出了私人主导融资（Private Finance Initiative，PFI），目前，它在很大程度上已成为英国政府治国的理念，并越来越广泛地被用来为政府的非资本性投资项目融资。它多被用于基础设施领域的建设项目。在英国，PFI 项目，政府不再是公共设施的长期所有者，而主要是使用者。通常，政府部门提出拟建公共设施和拟获得服务的明确标准，由私营部门负责项目的融资、建造和运营。

根据英国的实践，PFI 大体上可以分为三类：

（1）私营部门经济上自立的项目（Free-Standing Projects）

公共部门从规划的角度确定对项目的要求，并向私营部门授予特许经营权。私营部门完全依赖向使用者的收费回收投资、赚取利润，项目最终是否移交政府取决于是采用 BOT 模式还是 BOO 模式。

（2）合资经营（Joint Ventures）

公共部门和私营部门共同出资、分担成本，其中公共部门的出资可以包括提供特许贷款、参股、固定资产入股等，或上述方式的结合。私方伙伴通过竞争方式产生，对项目拥有主导控制权。双方的风险分担机制应提前明确，并遵守风险与收益对等原则。项目的成本回收和利润创造仍然依赖向使用者的收费来实现。

（3）向公共部门出售服务（Services Sold to the Public Sector）

由私营部门融资、建成项目并提供服务，费用补偿（包括成本和利润）依靠向公共部门的收费。此处公共部门指政府和/或使用单位（如学校等），按一定比例缴纳费用。

公共部门可以直接购买或租用私营部门提供的产品和服务，也可以联营或授予特许经营权使私营部门通过特许期的现金收入收回投资。

PFI 模式已经拓展应用到许多领域，包括交通、教育、能源、医疗卫生、公检法、国防工程等。

3. 公私合营（Public Private Partnership，PPP）

欧盟委员会将 PPP 定义为公共部门和私营部门之间的一种合作关系，双方根据各自的优劣势共同承担风险和责任，以提供传统上由公共部门负责的公共项目或服务。

香港效率促进组将 PPP 定义为一种由双方共同提供公共服务或实施项目的安排。在这种安排下，双方通过不同程度的参与和承担各自发挥专场，包括特许经营权、私营部门投资、合伙投资、合伙经营、组成合伙公司等几种方式。

加拿大 PPP 委员会将 PPP 定义为公共部门和私营部门基于各自的经验建立的一种合作经营关系，通过适当的资源分配、风险分担和利益分享，以满足公共需求。

4. 总结

BOT、PFI、PPP 这三种模式本质上都是狭义项目融资，而 PPP 概念更为广泛，反映更为广义的公司合营长期关系（如共享收益、公担风险和社会责任），特别是在基础设施和公共服务（如医院、学校等）；PFI 更强调的是私营企业在融资中的主动性和主导性。相对而言，BOT、PFI 的概念更强调政府发包（采购）项目的方式，而 PPP 则更强调政府在项目公司中的所有权。图 2-14 ～图 2-16 和表 2-3、表 2-4 从三种模式的结构、各方责任、参与程度和获益方面对 BOT、PPP、PFI 进行比较分析。

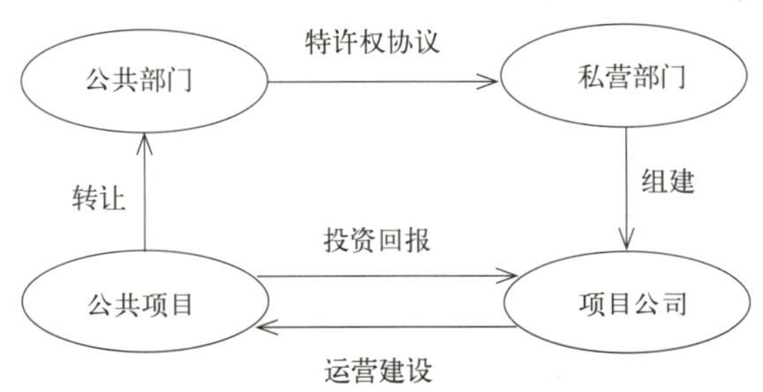

图 2–14　BOT 模式公共部门和私营部门的关系

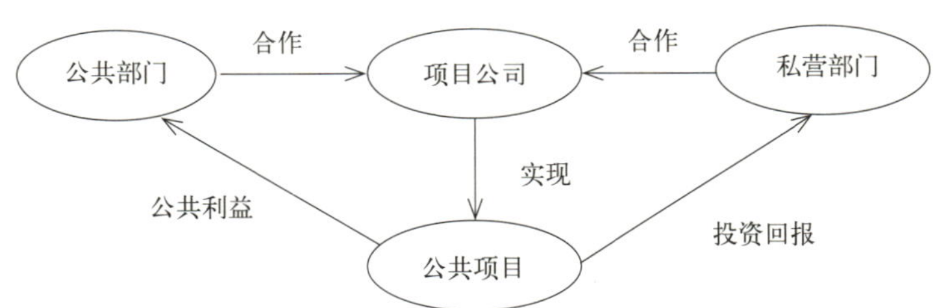

图 2–15　PPP 模式公共部门和私营部门的关系

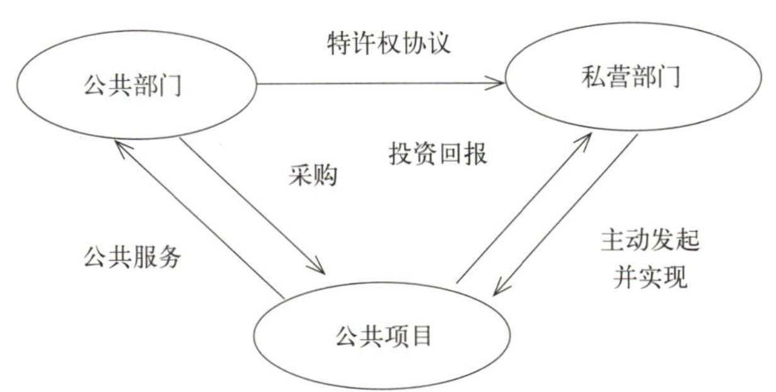

图 2–16　PFI 模式公共部门和私营部门的关系

BOT、PPP、PFI各方责任比较　　表2-3

模式	机构	融资责任	风险	关系协调	前期投入	控制权
BOT	公共部门	小	小	弱	大	小
	私营部门	大	大	弱	大	大
PPP	公共部门	共同	共同	强	小	共同
	私营部门	共同	共同	强	小	共同
PFI	公共部门	最小	最小	最弱	最小	无
	私营部门	最大	最大	最强	最大	全部

BOT、PPP、PFI的参与程度和获益比较　　表2-4

模式	机构	决策	设计	建造	融资	运营	拥有	收益
BOT	公共	√	√				√	投资机会＋项目
	私营		√	√	√	√		特许期运营利润＋政府部门其他承诺
PPP	公共	√	√	√	√	√	√	投资机会＋部分项目利益（公共服务）
	私营	√	√	√	√	√	√	部分项目利益（运营利润）
PFI	公共	√						投资机会＋公共服务
	私营		√	√	√	√	√	项目利益（公共部门提供）

2.1.4　其他项目管理模式

1. Partnering 模式的概念

Partnering（伙伴关系）模式起源于20世纪80年代中期的美国，是国际上一种先进的工程项目管理模式。是指工程项目的各个参与方，改变了以往的对立局面，通过签订partnering协议做出承诺和组建工作团队。在项目实施的过程中，以实现项目各参与方的整体利益为目标，建立完善的协调和沟通机制，强调合作与信任，以实现合理分担风险、友好解决矛盾的一种项目管理模式。

美国建筑业协会对于伙伴关系给出的定义是："伙伴关系是在两个或两个以上的组织之间为了获取特定的商业利益，充分利用各方资源而做出的一种相互承诺。项目各方共同组建一个工作团队，通过工作团队的运作来确保各方的共同目标和利益得到实现”。

美国土木工程师协会认为：Partnering 是试图将承包商、业主和工程师的利益整合为一个项目目标的一种努力方式，Partnering 关注的是承包商、业主和工程师之间进行项目管理上的合作。

英国建筑业委员会认为：Partnering 模式是“用以促进团队跨越合同界限工作的一种结构化管理模式”。

英国国家经济发展委员会对伙伴关系的定义：“伙伴关系是在双方或者更多的组织之间，通过所有参与方最大的努力，为了达到特定目标的一种长期的义务和承诺”。

英国土木工程师学会（ICE）颁布了 NEC 合同，专门引入了 partnering 模式的合同条件。英国咨询建筑师协会（ACA）专门为工程建设项目 Partnering 模式设计了合同条件（PPC2000），标志着 Partnering 作为一种工程项目管理模式已为建设领域普遍接受。

2. Partnering 模式具有以下几个特征：

（1）出于自愿

Partnering 协议需要工程项目参与各方，包括业主、总承包商、咨询单位、设计单位、主要的分包商以及主要的材料设备供应商在完全自愿的基础上共同签署，而非任何原因的强迫。

（2）高层管理的参与

Partnering 模式需要参与各方的高层管理者的认同和支持，由各参与方共同组成工作小组，共享资源、共同分担风险。

（3）partnering 协议不是法律意义上的合同

Partnering 协议是工作小组的纲领性文件，在工程合同签订后才会签署，主要用来确定项目各参与方的共同目标、任务分工和行为规范。

（4）信息的开放性

Partnering 协议强调项目参与各方在相互信任的基础上，共享资源。项目各参与方必须保持及时、经常、开诚布公的交流，以便及时获取工程进度、造价和质量等方面的信息。

Partnering 模式不是一种独立存在的模式，在工程建设中通常要与 DBB、DB、CM 等其他一种项目管理模式结合使用。

3. Partnering 模式的一般实施程序

现阶段建筑业主要采用非合同化的方式引入 Partnering 模式，即在竞争性招标签订传统的工程合同之后，合同各方才试图建立一种伙伴关系。因此 Partnering 的实施并无一种公认的、统一的模式，不同组织针对具体项目分别采取不同的实施程序，但基本的框架是一致的，本书按照工程项目建设周期的三个阶段描述 Partnering 模式的一般实施程序。

（1）工程项目前期

工程项目前期，是指工程开工以前的阶段。这一时期是 Partnering 模式的策划阶段，确定是否采用 Partnering 模式、Partnering 的参与方以及 Partnering 主持人等。

1）确定是否采用 Partnering 模式

Partnering 模式作为一种新型的项目管理模式，必然存在潜在风险。项目发起人（最好是业主）需要考虑这种模式所能带来的短期或长期利益，同时综合考虑 Partnering 模式的组合模式。以香港实施 Partnering 模式的一些房建项目为例，这些项目同时采用的是设计及建造模式，而不是传统模式。而土木工程项目领域，则一直沿用传统模式。

2）确定 Partnering 的参与方

一旦决定采用 Partnering 模式，项目发起人需要选择 Partnering 模式的参与方。凡是对项目实施有重要影响的有关各方如承包商、设计方、咨询公司和主要分包商都可以成为 Partnering 模式的参与方，有时还涉及其他项目受益方。Partnering 模式主要参与方的选择应较早策划。

3）确定 Partnering 主持人

Partnering 主持人是 Partnering 模式能否成功的一个十分关键的角色。主持人的任务是策划、准备并主持所有的 Partnering 讨论会，指导形成 Partnering 协议书，指导建立 Partnering 评价系统、争议处理系统和工作小组，组织 Partnering 模式的培训，并在 Partnering 模式实施的整个过程中不断地进行指导和强化 Partnering 模式。

Partnering 主持人应选择一个中立的第三方，这一角色往往由项目管理公司的专业人士担当。主持人的确定应得到各方的认可，聘请主持人的费用一般由各参与方分摊。

（2）项目实施阶段

项目实施阶段，是指工程开工之后至工程竣工之前的这段时间。这一时期是 Partnering 建立和实施阶段，关键工作如下：

1）建立工作小组。工作小组由 Partnering 的参与各方人员共同组成，人数一般 20 ~ 50 人。工作小组的主要任务是讨论原则性协议和寻找涉及各方利益的问题解决方法，是Partnering模式顺利实施的操作平台。在建立工作小组后要同时明确各方的职责及建立相互之间的信息流程和指令关系。

2）召开 Partnering 讨论会。第一次讨论会的主要目的在于建立团队精神，讨论共同的项目目标和实施策略。通过第一次讨论会，项目各方共同制定 Partnering 协议，以及执行计划和问题处理程序等重要文件。其中，Partnering 协议通常会列明参与各方将要达成的具体目标，比如，项目取得盈利，保证项目质量并满足业主要求，成员之间应充分及公开的交流等。其文件长度一般不会超过 1 页。

Partnering 协议作为一种合作象征，通过所有参与方的签署行为、展示于所有参与方的办公室等方式，体现了各方的相互信任和对履行伙伴关系的承诺。第一次讨论会结束时，需要确定中期讨论会的时间安排。这些中期讨论会主要讨论当前阶段 Partnering 实施的绩效评估，分析现存问题以及制定改善措施。

3）建立 Partnering 模式的评价系统。评价指标应全面反映 Partnering 模式实施情况。每月项目各方对评价指标进行打分，汇总后在每月评价会议上进行讨论，并针对不满意的指标提出相应的提升措施，以保证 Partnering 模式的成功实施。

4）建立争议处理系统。争议处理系统是一个防范性的手段，它的目的是尽可能地减少争议 / 索赔的发生，及时高效的处理项目中产生的矛盾，避免诉讼的发生。在实施 Partnering 模式的工程项目中采用了一种全新的争议处理程序，希望快速、有效的解决工程中出现的冲突和纠纷。

（3）项目结束

这一阶段是 Partnering 模式的总结阶段。最后一次 Partnering 讨论会一般在临近工程竣工或竣工后举行，以回顾 Partnering 实施情况并分享各自的经验。

4. Partnering 模式的优点

（1）伙伴关系联合了具有互补优势的企业，避免了行业的恶性竞争，联合后的企业能够更好地适应市场的变化，大幅提高了企业在激烈的市场竞争中的生存能力。

（2）partnering 模式强调资源和信息共享，经过项目各参与方多种知识的融会和交流，能够促进知识的转移与创新，提高组织效率。有利于保证工程质量和降低索赔费用。

（3）partnering 模式注重各参与方整体利益目标的实现，大幅降低了项目的风险。

（4）partnering 模式强调资源和优势互补，有利于企业培养自己独特的优势资源和核心能力。

5. Partnering 模式的缺点

（1）partnering 模式给项目各参与方带来的收益难以用节约的成本或者是缩短的工期等客观标准来度量；

（2）影响 partnering 模式成功的因素很多，其中大多是人为的主观因素，实际操作起来难以控制；

（3）partnering 模式不是一种独立的项目管理模式，需要与其他某种模式结合起来使用。

2.2　我国工程项目管理模式的发展

2.2.1　我国工程项目管理的发展历程

我国工程项目管理的理论和科学活动源远流长，很多伟大工程如都江堰水利工程，宋朝丁谓修复皇宫工程，北京故宫等都是典型的工程项目管理实践活动。新中国成立以来，建筑行业得到飞快发展。开展了数量更多，规模更大的工程项目管理实践活动。如第一个五年计划的 156 个重点工程项目实践，第二个五年计划十大国庆工程项目实践，以及大庆建设工程，南京长江大桥工程，长江葛洲坝水电站工程等，都说明我国工程项目管理活动具有一定实力和能力。但这些活动并没有上升为项目管理理论和科学，长期以来在计划经济管理体制影响下，我国的项目管理科学理论是一片空白。随着我国的改革开放，逐步建立了社会主义市场经济体制，项目管理才有了生机和发展。

1984 年前，工程项目管理理论首先从前西德和日本引进到我国，之后美国和世界银行的项目管理理论和实践经验随着文化交流和项目建设陆续传入我国。结合建筑施工企业改革和招投标的推行，在全国很多建筑施工企业和建设中开展了工程项目管理的试验。同时，建筑业管理体制也产生明显变化：1）任务承担方式发生变化；2）建筑施工企业的责任关系发生明显变化；3）建筑施工企业的经营环境发生明显变化。这三项变化说明建筑市场已开始形成，工程项目管理模式的发展有了基础。

1982 年，我国在鲁布革水电站引水导流工程中首次进行了项目管理试验，这是我国第一个利用世界银行贷款，并按世界银行规定进行国际竞争性招标和项目管理的工程。1982 年进行国际招标，1984 年 11 月正式开工，1988 年 7 月竣工。在 4 年多时间里创造了著名的“鲁布革工程项目管理经验”，该经验受到中央领导的重视。国家计委等五单位于 1987 年 7 月 28 日以“计施 [1987]2002 号”发布《关于批准第一批推广鲁布革工程管理经验试点企业有关问题的通知》，1988 年确定了 15 个试点企业共 66 个项目实施项目管理，1990 年将试点企业调整为 50 家。1991 年 9 月，建设部提出了“加强分类管理，专题突破，分步实施，全面深化施工管理体制综合改革试点工作的指导意见”，把试点工作转变为全行业推进的综合改革上，项目管理工作在全国得到推广。

2.2.2　我国工程项目管理常见的管理模式

新中国成立以来，随着我国经济体制和基本建设管理模式的改革和发展，我国工程项目的管理大体上经历了以下四种管理模式。

1. 建设单位自管模式

建设单位自管方式，即建设单位自己设置基建机构，负责支配建设资金、办理规划手续及准备场地、委托设计、采购器材、招标施工、验收工程等全部工作；有的还自己组织设计、施工队伍，直接进行设计和施工。这是我国多年来常用的方式。近几年，在社会主义市场经济条件下，虽有所改变，但仍是大量采用的方式。这种模式类似于国际上通用的 DBB 模式，采用这种方式，建设单位与设计、施工及设备物资供应等单位的关系如图 2-17 所示。

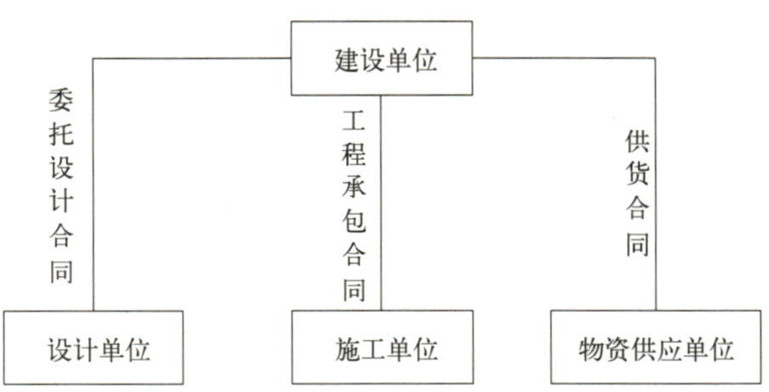

图 2-17　建设单位自管模式

2. 工程指挥部管理模式

在计划经济体制下，过去我国一些大型工程项目和重点工程项目的管理多采用这种方式。指挥部通常由政府主管部门指令各有关方面派代表组成。近几年在进入社会主义市场经济的条件下，这种方式已不多用。这种方式的组织形式如图 2-18 所示。

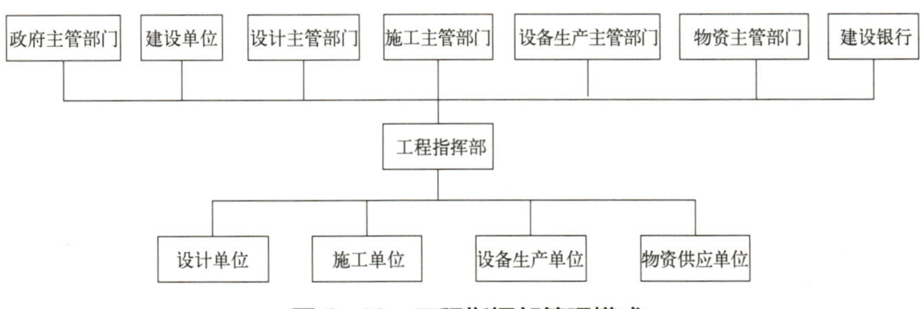

图 2-18　工程指挥部管理模式

3. 总承包管理模式（亦称交钥匙管理模式或称承包模式）

建设单位仅提出工程项目的使用要求，而将勘察设计、设备选购、工程施工、材料供应、试车验收等全部工作都委托给一家承包公司（承包商）去做，竣工以后接过钥匙即可启用。承担这种任务的承包企业有的是科研—设计—施工一体化的公司，有的是设计、施工、物资供应和设备制造厂家以及咨询公司等组成的联合集团。这种模式类似于国际上通用的 DB/EPC 模式，我国把这种管理组织形式叫做“全过程承包”或工程项目总承包。这种管理组织形式如图 2-19 所示。

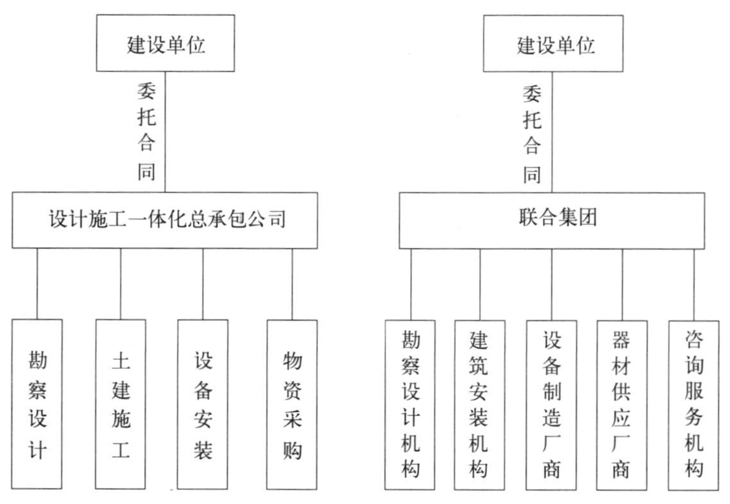

图 2-19　总承包管理模式

4. 工程托管模式

建设单位将整个工程项目的全部工作，包括可行性研究、场地准备、规划、勘察设计、材料供应、设备采购、施工监理及工程验收等全部任务都委托给工程项目管理专业公司（工程承发包公司或项目管理咨询公司）去做。工程承发包公司或咨询公司派出项目经理，再进行招标或组织有关专业公司共同完成整个建设项目。这种模式类似于国际上通用的 PM 模式，这种管理组织形式如图 2-20 所示。

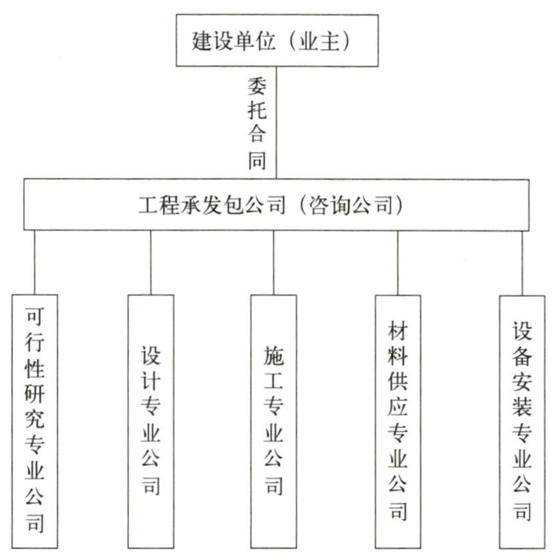

图 2-20　工程托管模式

第 3 章　国际工程项目管理环境分析

3.1 建筑市场情况分析

本节主要分析英国、美国、日本及“一带一路”各个区域典型国家的建筑市场情况。正文部分对英国和美国的建筑业基本情况、项目管理模式及合同体系等进行分析，其余国家的建筑市场情况分析见附录 1。

3.1.1 英国建筑市场分析

1. 英国建筑业基本情况

英国建筑业是最大的独立行业，建筑业在英国国民经济中具有重要的地位，并对实现国家的宏观目标起着重要的作用。英国建筑业在世界建筑业中占有举足轻重的地位，英国多年发展所形成的“分工细化、合作紧密”的社会工业体系，也影响了建筑行业的发展。

在英国，由于国民经济发生的变化，对建筑业的影响较大。英国自 20 世纪 80 年代末至 90 年代初的经济不景气，使许多建筑公司倒闭，即使那些保存下来的企业也面临着许多困难，这也是英国历史上少有的现象。这些变化无疑对英国建筑市场产生了影响，其中一个显著的特征就是竞争的加剧。近年来私人融资的增加对建筑业的状况有所改变。广泛开展海外工程建设活动是英国建筑领域的主要内容。一些大的建筑企业其年利润的20%～40%来自海外工程。由于国际建筑市场的竞争加剧，特别是美国及其他欧洲国家参与欧洲市场的竞争，使英国建筑业的竞争压力增大，并逐步扩展海外工程的区域与范围。

2. 英国工程项目管理的发展

工程项目管理是随着管理职能从项目的设计和执行职能中分离出来而形成的一门新兴的专门学科。工程项目管理有着非常悠久的历史，但现代工程项目管理仅有30～40年的历史。尽管英国皇家特许建造学会（CIOB）在1979年首次出版了工程项目管理著作，但早期有关工程项目管理的原理和实践的书籍大部分是在美国得到发展的。

英国还是现代建筑合同管理制度的发源地之一。至今许多国家和地区，例如澳大利亚、新加坡和中国香港等，其建筑合同制度都源于英国。FIDIC《土木工程施工合同条件》的前四版均是以英国土木工程师学会（ICE）的合同条件为基础编制的。

近年来，英国工程项目管理发展较快。随着科学技术的不断发展，现代工程建设项目在规模、结构、技术以及所面临的环境等方面都发生了较大的变化。这一变化对工程项目的管理提出了新的更高的要求。在工程实施的过程中，工程项目管理的重要性也越来越充分地体现出来。能否通过有效管理使项目的工期、费用及质量达到目标已成为项目管理公司在激烈竞争中取胜的关键。当今的工程项目管理已成为复杂的系统工程，已不再是简单的施工阶段的管理，而是涉及可研、设计、招标、施工，甚至融资、运营等多方位、全过程的综合管理。

3. 英国工程项目管理的模式

英国工程项目管理模式的一个重要特点就是工料测量师的使用。无论是在传统模式中，还是在新发展的模式中，工料测量师都起了独特的作用，如图3-1所示。

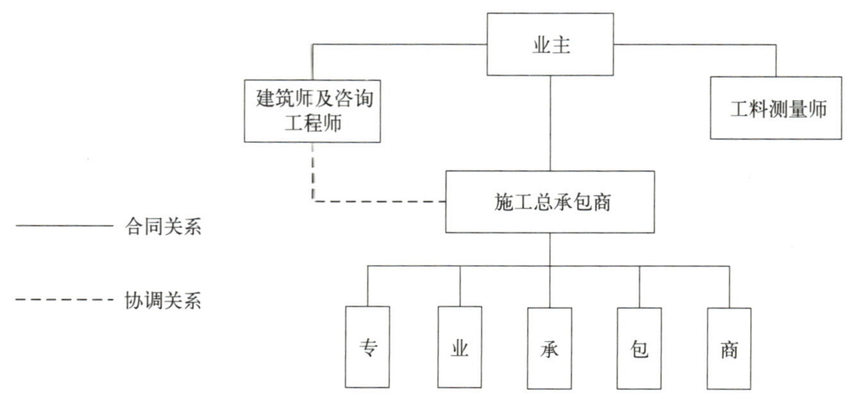

图 3-1　英国传统的工程项目管理模式

英国建筑业的一些特点对工程项目实施的具体方法产生影响。由于艺术和工艺传统的影响，建筑师的设计工作深入细致到每一个细节并亲自监督施工，同时对标准做法和成熟的设计产品的使用持保留态度。这样的传统造就了一批著名的设计大师，但使整个建筑业的效率偏低。针对这一问题，引入了一些新型的工程项目管理方式，如 CM 模式，DB 模式等。目前，提到的主要的几种工程项目管理模式在英国都已有较为广泛的应用。

传统的总承包法在英国有近两个世纪的历史，是最为常用的一种工程项目管理模式。采用这种方法能够满足建筑师完全控制工程设计的要求。业主在项目初期首先选定建筑师，建筑师制定项目规划和初步设计概要。在此阶段，通常有工程设计咨询人员及工料测量师协助其工作。而这两类人员一般是由建筑师向业主推荐的。初步设计完成之后，工料测量师就开始制定成本计划，确定如何使用业主的预算。典型的设计队伍由建筑师、结构工程师及施工管理服务工程师构成。由于在现代建筑中使用的工业化技术越来越多，设计队伍中也开始包括专业承包商，从而可以就设计中的施工问题向建筑师提供建议。建筑师负责管理整个设计过程。做出有关设计的决策之后，工料测量师就对其成本影响进行估计并与已确定的成本计划相对照，如果发生超支，则改变设计或者改变成本计划。下一步的工作就是工料测量师编制工程量表，根据建筑师和工程师的设计详细列出工程实施的每一个单项的工程量。另外，建筑师可指定他认为适于担任某项工作的专业承包商作为分包商，此类分包商称为指定分包商，指定分包商的使用是英国传统模式的特点之一。工程量表中包含一项成本价用于计量指定分包商负责的工程。因此，用于选定总承包商的招标的工程量表实际上包括了针对总承包商的详细的工作量，以及由指定分包商完成的固定总价的工作量。工程量表以及详细的工程图纸是总承包商投标的基础。总承包商给工程量表中每一个单项标价，再加上成本价项目就构成了投标总价。总承包商的投标总价提交给建筑师，建筑师通常要求投最低标者提交已标价的工程量表，由工料测量师对其进行检查以确保在计算总价时没有错误，该工程量表将成为承包商与业主签订合同的基础。合同是按照合同总额在建筑师的监督下完成工程量表中所列工作内容的协议。常用的标准合同文件范本（JCT 合同体系）中规定建筑师可随时对工程实施变更；工料测量师每月对工程进行估价；建筑师向业主发出期中支付证书。总承包商将工程量表中的大部分具体施工分包给自行选定的专业承包商，使用成本价金额的工程分包给建筑师指定的分包商。工程完工后，建筑师发出相应的证书，业主对项目进行接收，工料测量师编制最终决算，其中考虑指定分包商完成工程的价格并根据工程量表中的单价对建筑师发出的变更进行估价。

JCT 合同体系经过多年的使用，不断地为解决出现的各种问题进行修改，从而使之变得越来越复杂。而且在实践中，上述方法的某些方面对承包商往往是不公平的，同时，由于详图设计与实际施工脱节，影响到了工程的质量（国内亦有类似问题）。基于以上原因，英国的建筑业开始实践新型的工程项目管理模式，包括CM模式，DB（设计一建造模式）等。要解决传统模式中存在的问题，最简单明了的方法就是采用设计一建造法。这种方法最早出现的时候，由于英国皇家建筑师协会（RIBA）规定建筑师不得为承包商工作，使其应用受到了阻碍。随着不久以后这一限制的取消，设计-建造方式开始得到广泛的应用。

1981年，JCT出版了用于设计一建造方式的标准合同。采用设计一建造方式时，业主应提出一份业主要求，其内容可简可繁，从一页纸直到全部的图纸和技术规范均可。业主的另一个主要职责是进行质量控制。另一种解决办法就是采用建筑工程管理方式。在英国，风险型建筑工程管理（管理承包）的出现早于代理型建筑工程管理，它在1971年首次出现后就取得了很大成功。经过20年的发展已成为适用于要求提前竣工并且业主希望参与设计过程的大而复杂项目的常用的组织方法。

引入管理承包的最初目的是为了协调业主和承包商的利益，由于实际的施工责任是由专业承包商承担，专业承包商必须考虑相应的施工风险。因此，必须创造一个新角色，也即一个专业咨询人员的角色。这一问题的解决依靠以酬金的方式雇佣管理承包商，使其为了业主的利益而管理实际的施工过程。同时，业主向管理承包商支付专业承包商完成工程的实际成本，以及建立和管理施工现场的称为基本费的费用。这样，CM经理就能够像其他的咨询人员一样，只对其专业管理工作负责。然而，在实践过程中，很多业主和专业咨询人员并不能够给予管理承包商以应有的信任。根据在1986年进行的一项调查表明，业主在很多工程中仍然雇佣工料测量师作为成本咨询人员，扮演着传统的监督角色，直接对业主负责。同时也发现，让小型的专业承包商承担实质性风险也是不实际的。结果是业主不得不承担了过去应由承包商承担的一些风险。

从 20 世纪 80 年代早期开始，许多业主及其咨询人员开始要求管理承包商承担实质性的合同风险，诸如专业承包商设计错误的责任，由劣质的工艺和材料造成的且业主无法从专业承包商处获得补偿的损失；完工的工程的缺陷及误期以及专业承包商的失误造成的后续影响等责任，同时，还经常要求管理承包商议定固定数额的基本费，而实际上，基本费的内容和范围是很难确定的。毫无疑问，合同风险的回归造成了管理承包商行为的回归。管理承包商只能重新开始顾及其自身利益，转化为传统承包商，无法继续为业主的利益而工作。过去的合作精神和灵活性也就不存在了。

正是在这样的背景下，美国的建筑工程管理方式，即代理型建筑工程管理方式引入了英国。如前所述，这种方法的组织结构相对简单，所有各方均与业主签订合同。CM 经理是明确的咨询人员而不再是承包商。专业承包商通过直接与业主签订合同承担设计与施工责任。项目组的概念开始真正起作用。

代理型的建筑工程管理方式在英国的实现也并非一帆风顺。因为美国建筑工程管理方式的实现依赖于能够轻松地承担协调，详图，设计以及工程施工责任称职的专业承包商。而在英国则缺少称职的专业承包商构成支持美国的建筑工程管理方式的竞争性市场。英国的专业承包商主要是在总承包方式下发展起来的，因此习惯于依赖建筑师详细的详图设计及总承包商详细的施工现场管理。

4. 英国常用的标准合同范本及制定机构

英国标准合同范本种类繁多，按照适用工程的种类可大致分为一般建筑，土木工程建设，政府项目，以及特殊用途合同。出版标准合同范本的机构主要有：合同审定联合会（Joint Contracts Tribunal，JCT），英国土木工程师学会（Institution of Civil Engineers，ICE），英国政府出版机构（Her Majesty's Stationery Office, HMSO），以及咨询建筑师协会（Association of Consulting Architects, ACA）。

以上组织制定出版的常见标准合同文件见表 3-1。

英国标准合同文件一览　　表3-1

出版机构	名称	内容以及使用范围
JCT	JCT 2005 Suite	JCT 版本包括： 标准房屋合同（Standard Building Contract，又分有工程量，有估计工程量，无工程量三种）； 设计建造合同（Design and Build Contract）； 大型工程施工合同（Major Project Construction Contract）； 中型施工合同（Intermediate Building Contract）等
ICE	ICE7	主要适用于土木工程项目，FIDIC 合同早期版本借鉴了很多 ICE 合同中的规定
	NEC3	为了适应现代工程管理的需要而创立的标准合同。最为显著的特点是引入了伙伴关系的概念
ACA	PPC2000 SPC2000 TPC2005	为建立伙伴关系而专门制定的一系列合同文件
	ACA	ACA 基本合同文件，常为私人开发商采用
HMSO	GC/Works	用于所有政府建筑和土木工程项目。包括一系列的文件使用于工程建设的各个方面，编号从 GC/Works/1 到 GC/Works/11。最新版本是 1998 年至 2000 年之间出版的
	PC/Works	是 GC/Works 的一个特殊版本，专供私营业主使用

RICS 对英国标准合同文件的使用情况进行问卷调查，见表 3-2，调查结果表明无论从数量还是合同总额看，JCT 合同都是在英国使用最为

广泛的标准合同文件。

英国各种标准合同文件使用情况一览　　表3-2

合同文件系列	使用百分比（按合同数量计算）	使用百分比（按合同总额计算）
JCT	78%	71%
GC/Works/PC/Works	1%	6%
ICE	1%	1%
NEC	7%	13%
ACA PCC2000	2%	6%
其他标准合同	3%	1%
其他合同形式	8%	3%

3.1.2　美国建筑市场分析

美国的建筑业与钢铁工业、汽车工业并列为美国的三大支柱产业，在国民经济中发挥着举足轻重的作用。

1. 政府对建筑业的管理

（1）多级管理体制

美国是个联邦制国家，国家层面没有设立专门的建筑业管理机构，不进行直接管理。宏观协调工作分别通过政府的财政、工商、税收、环保、劳工安全、社会保险等部门加以调控。

联邦下属各州对建筑业的管理拥有较大的权力与独立性。除通过地方政府的财政、工商、税收、环保、劳工安全、保险等部门加以调控外，主要是负责各级各类专业人员的培训和考核、注册、发证工作。各州的大学都可以根据市场需求情况举办各类学习班、补习班等，为考证人员提供相应的培训与继续教育。州政府则定期进行（或指定相关院校或行业协会进行）各类考核发证工作，对已取得注册执照人员也要定期复考，审核执照的有效性。县、市级政府对建筑业的管理比较具体，权限更大，管理内容也相当多。包括土地、规划许可、环境评价、安全检查等。主要表现在：① 对建筑业的管理手段主要依靠地方立法和执法来进行，各县、市都可以根据自身的特点和情况立法并付诸实施，相对独立性较大。② 县、市级政府对建设项目的管理和执业人员的管理比我国更具体更细致。例如，洛杉矶市政府所属 44 个局有 22 个局根据其管理职能依法管理与颁发各类证（执）照。一项大中型工程项目的开工建设需要办理 20 多种许可证或执照。由此可见，美国的建筑业市场是在政府严格规划和管理下的有序市场，而非“自由市场”。

（2）地方政府的建筑业管理机构

以县、市政府为例，县、市政府对建筑业的管理工作量最大，相应的部门和人员也较多。以洛杉矶为例，主要管理机构有：① 规划局：主要负责短期（5 年）、中期（10 年）、中长期（30 ～ 50 年）的土地使用规划工作，同时，进行环境评估、安全评估等工作，而且规划工作做得十分细致、全面。考虑到社区生活、工作、就业、交通、学习等各方面的综合平衡，考虑到项目全寿命期的各项因素的均衡发展；注重项目的后评估工作，用以不断修正中长期规划。② 建设与安全局：主要负责营建阶段的各项发证工作和督查工作。其作用是保证公共利益和社会安全，也进行政府的质量监督，对项目的重要阶段依据建筑法规进行现场检查验收，合格后发给项目使用执照，否则不能使用。对于业主聘请咨询机构的项目，同样履行上述职能，但政府质量监督不承担质量安全责任，也不对项目进行合格与优良的评级定级，只有一个标准——合格后准用。

（3）政府相关部门对建筑市场的制衡

① 法院：经过上百年的演变和完善，各州、县、市均有自己的一

套完整的法律体系，如营建法中就包含有电力法、消防法、排水法、结构法、机械设备法等。公民都有严格的法律意识。普法工作从中小学生就开始，所以只要任何人违法，就会有立即受到控告的可能。为解决大量的小额经济案件，各县、市都有小额法院（庭），专门解决 3 美元以下的诉讼案。一般的诉讼案会很快得到解决。② 工商税收：通过工商管理法和调整税收等相关措施来约束建筑业各方的行为，并引导投资走向。非法的逃税将会受到最严厉的惩罚。③ 金融保险政策：鼓励投资、保险赔偿、破产保护等三大政策是对建筑业的保护，同时也是一种制衡机制。④ 公共和社会舆论监督：任何人或新闻媒体都有权到政府各办事机构查阅建设项目的有关档案和资料（多为计算机联网查询）。项目立项时要召开“公听会”等。各项工作接受市民和新闻监督，这也是一种强有力的制衡力量。⑤ 行业协会（公会）的督导作用：行业协会（公会）对行业的督导作用很大，在行业中有非常高的权威性，可以代表行业与政府或业主进行谈判，保护会员利益，督导会员行为。正是以上各方面机制的有效运作，才使美国的建筑业处于一种有序的发展状态之中。

2. 建筑业企业的运作

在美国，建筑业企业一般有三种类型：勘察设计、营造和咨询。但三者之间并不截然分开。很多建筑企业是一业为主，兼顾左右的。与我国明显不同的有两点：① 营造业是有执照的技术人员、设计人员都可以从事咨询业务的；② 咨询（顾问）工程师可以由建筑师、土木工程师和有注册执照的营造商担任，不需要进行另外的培训和持有专门的证书。原因在于美国任何从事工程项目技术与管理的人员必须具有法律知识，能否从事相应的工作取决于执业人员的能力、品质和业主的信任。建筑业是专业性很强的工作，不能胜任的履约者将受到业主的起诉，并在竞争中被淘汰。

（1）营造（施工）公司的运作：营造公司必须进行工商登记注册，成为合法的经营者，并要有相应专业执照的技术人员和装备；其任务来源一般是投标竞争取得工程，也有信誉好的企业受到业主委托取得项目。私人项目招标或委托由业主自定，政府项目一般采取招标形式。营造公司可对项目进行分包，相互之间以合同为纽带。激烈的竞争使得各承包商都具有较好的施工水平，工程质量一般都较好。因此，咨询公司的主要工作是处理好工程费用（尤其是索赔管理）与进度问题。

（2）设计和咨询公司的运作：设计和咨询公司必须进行工商登记注册，要具备有实力、有经验、能力强的技术人员，才有资格承接项目，其任务来源一般均通过招标投标取得，少数通过业主直接委托取得任务。美国的小项目一般不聘请咨询单位，是否聘请咨询工程师，完全由业主决定；咨询公司也不分等级，不规定小公司不能承接大项目，完全取决于业主的选择，但一般情况下小公司承接不到大项目。在咨询工程师的定位方面完全取决于业主，建筑师、土木工程师和专业营造商都可以成为咨询工程师，在很多州，建筑师执照和土木工程师执照是相互通用的，但在州与州之间也存在相互承认（认可）的情况，有的州之间不能通用。咨询公司的主要任务是保护业主的利益，出了问题要按个案来分析，咨询工程师也要对建筑物的安全负有监督责任，随时提醒承包商注意安全。咨询公司节省的费用业主也很少给予奖励，业主认为节省费用是咨询工程师的责任，业主与咨询工程师签约正是因为相信其能力。业主更着重咨询工程师处理索赔的能力和协调能力。美国在对咨询工程师的选择上就非常慎重。美国咨询公司为项目配备的人员都比较少，但素质较高、手段先进，尤其在计算机应用和检测设备方面，对资讯的收集、处理、传输和应用方面都很先进。在咨询取费方面，各级政府没有统一的规定，完全由业主和咨询公司之间商定，根据工程规模大小、复杂性、难易程度、咨询公司声誉、人员素质、技术力量、设备仪器、咨询工作内容、协调工作量大小和协调水平等来取费。

(3) 工程项目的运作过程

一般项目从开始到完成要经历以下几个阶段：

1) 业主提出设想和议案，请咨询工程师对其做出分析、评估、论证和估价；

2)业主与规划等部门进行协商，根据总体规划的要求提出总体方案，并进行环境评估和安全评估，对大中型项目还要召开公听会，了解市民意见和想法；

3) 当规划获得批准，并通过环境评估后进行设计，从初步设计逐步完善到详细的施工图设计；

4) 当设计完成后，业主即着手各种施工执照的办理，这些执照的申请或许可工作对项目来说尤为重要，由大部分委托咨询公司来完成；

5) 取得各项许可后，选择营造单位进行施工并委托咨询单位负责管理，完工后办理项目使用执照。

3. 美国的工程项目管理模式

美国的工程项目管理方法代表现代西方工程项目管理的主流。美国是建筑工程管理方式的发源地，也是成功地应用建筑工程管理方式的典范。研究建筑工程管理方式在美国的发展和应用，对于深入理解建筑工程管理方式的特点有重要意义。

美国的建筑业以高速度低成本地建造高层建筑著称于世。美国方式实现的关键是依赖称职的专业承包商及标准化的过程与程序的广泛采用；这两点是实现简单高效的设计、制造与施工的基础。

美国工程项目建设的重要特点是充分发挥市场机制的作用。房屋首先是投资项目，其次才是建筑作品。这种优先顺序体现在整个设计、制造和施工过程中。例如，在指定专业承包商时，通常只规定基本要求，以防影响承包商寻找最经济的方法。为了有效利用竞争，把整个项目划分成相对独立的工作包，由不同的专业承包商负责不同的工作包设计、制造或提供所需的材料与构件并完成工程安装。承包商的设计工作由建筑师负责协调，工程的制造与施工由总承包商或由 CM 经理（在大型项目中）负责协调。虽然这种协调工作对将完成的工程进行了详细的描述，但还是有许多问题留给专业承包商在项目进行过程中解决，尤其是在施工阶段，专业承包商必须保证其工程能够与其他承包商的工程在设计和管理方面良好衔接。这种双重的协调依靠参与项目实施的每一方均能遵循公认的程序和标准。此类标准应是全国通用的，并根据地方的惯例和常规加以修改。在各地，此类标准形成了具体、实用且紧密相关的系统，

美国方式的系统性和有效性依靠广泛使用成熟的技术。项目进行中不会为解决同样的问题进行重复的劳动。专业承包商使用他们熟悉的方法并在很大的程度上依赖能够在短时间内供货的材料与构件。同时业主和建筑师也可有相当的自由设计出有个性的建筑。只要满足现有技术的要求，他们就可以在当地规划与建筑控制的范围内充分发挥其才能进行设计，且一定能够找到专业承包商有效的合作，将建筑师的想法及业主的进度计划和预算变为现实。

美国方式的实现依赖于建筑师、工程师、CM 经理及专业承包商在工作时的敬业精神。美国方式并不依靠详尽的书面文件来保证在现场工程开始之前考虑到每一个细节。对于许多业主来说，时间是项目成功的关键，因此发明了快速轨道法以使项目施工尽早开始。美国的惯例是专业承包商解决日常的施工问题是其正常工作的一部分。因此，当项目出

现困难时，正常的态度应该是集中精力寻找解决的办法。

过分分散的建筑业同样会产生问题。从理论上讲，与业主签订的合同会调节与各方的关系。如果出现问题，可找相关的方面解决，但实际操作中，如果协调工作做不好，会导致严重后果。此时，CM 经理的责任就是将分散的各方联合成为整体，为业主服务。美国的建筑师熟悉市场状况，他们不仅将其设计看作建筑作品，同时也了解其设计是影响投资项目成功与否的重要因素。美国建筑师了解占地面积、租金水平、建筑成本、利率及通货膨胀率对设计的影响。

在美国方式中，咨询人员提供完整的设计但并不包括详图设计。专业承包商负责绘制施工图，说明将用于工程安装的具体部件；也可以由设计人员选定可采购到的标准化构件，但必须明确说明，以便专业承包商能确认所选定的构件。无论采用哪一种方式选定构件，专业承包商都能明确了解所应选用的材料和构件，从而可寻找满足设计要求的价格最低的构件。

快速轨道法所要求的是设计决策的速度和确定性，可通过在设计中使用构件的标准详图来获得。这些详图储存在 CAD 系统中或称为 Sticky-back 的手册中。设计人员可在其设计中方便地选用。采用标准详图的优势首先是可以方便设计人员在检查其图纸时的质量控制，其次可以进行非常迅速的设计。例如，一座 15 层的建筑，如果不使用标准详图，那么完成可用于招标的全部工程图纸需要 18 个月，而采用储存于 CAD 系统中的详图时，只需要一个月的时间。另一方面，专业承包商可以根据标准设计随时采购到标准化的材料与构件，从而提高工作效率。美国的工程项目根据不同的项目类型（商业、民用等）和特点往往采用不同的项目管理模式。小型的居民项目一般采用传统的设计—招标—建造模式，近年来，使用设计—建造（DB）模式的也日益增多，而大型的商业建筑则倾向于采用 CM 模式，或者是介于几种模式之间的混合模式。

美国设计—建造学会（DBIA）对美国建筑市场中 DBB、DB 和 CM 模式的发展过程进行了研究，并预测了其发展趋势，见图 3-2。

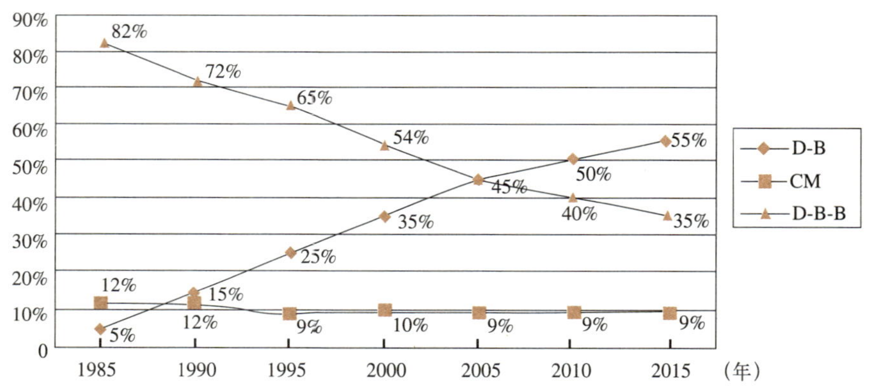

图 3-2　美国主要工程建设模式市场份额趋势图

4. 美国常用的标准合同范本及制定机构

美国出版标准合同文件范本的机构主要有美国建筑师学会（The American Institute of Architects，AIA），工程师联席合同文件委员会（Engineers Joint Contract Documents Committee，EJCDC），美国总承包商协会（Associated General Contractors of America，AGC）以及美国各级政府机构。这些标准合同文件范本各有特点，需要根据投资方以及项目类型选用。

AIA 出版的系列合同文件范本在美国建筑业界特别是美洲地区具有较高的权威性，此套文件更加保护业主的利益。AGC 作为承包商的行业组织独立制定了一套与 AIA 文件功能用途相近的标准合同文件范本，和 AIA 相比，此套文件更加照顾到承包商的利益。

3.2 各国的法律规定

本节主要分析英国、美国、日本及“一带一路”各个区域的典型国家和地区的相关法律规定。正文部分对英国和美国的相关法律规定进行分析，其余国家的相关法律分析见附录2。

3.2.1 英国的相关法律

英国政府的建设主管部门主要是“英国环境交通区域部”（DETR, Department of the Environment Transport and Regions）。DETR 的部门划分从类别上有局（或司），政府办公室，DETR 代理机构，非部属公共机构等。其下属的主要部门是建设局。建设局的主要职能是促进建设活动的质量和经济效益，提供建筑生产方法和提高建筑生产活动的现代化水平。建设局下属主要有：① 建筑业司（CIS）；② 建筑革新与研究管理司（CIRM）；③ 建筑业出口与材料促进司（CEPMS）；④ 建筑市场信息司（CMI）；⑤ 建筑法规司（BR）。

此外，为了使建筑业本身的发展和建筑活动有序进行，社会上还有许多的政府所属代理机构、非代理机构，以及社会团体组织。如：建筑业理事会（CIB, Construction Industry Board），建筑业委员会（CIC, Construction Industry Council），以及专业学会（建筑师学会、土木工程师学会、特许建造学会，测量师学会）。

英国承包体制的基础是：竞争性投标、详细的合同文本、详细的建筑细节说明和图纸。但是竞争性投标也容易导致成本增加和效率降低，并且加剧了业主、承包商、分包商、设计单位之间的对立。

英国正试图削减建筑公司的数量，远离竞争激烈的建筑市场，这样做的原因是竞争性投标既不能使业主获得最低的价格，承包商也得不到足够的利润。

英国有以下法律体系：

英国的公共工程的建设与管理是基于政府采购制度，因此受英国建筑市场法规体系和政府采购法规体系的双重约束。

英国政府公共工程现行的主要法规有《公共项目承包法规（修订版）2009》（The Public Contracts（Amendment）Regulations 2009）、《公用事业承包法规（修订版）2009》（The Utilities Contracts（Amendment）Regulations 2009）等，以及与这些法规相关的技术准则。此外，政府商务部办公室（OGC）针对政府公共工程制定了一系列的采购标准和准则，如《网关审查》（Gateway review）、《通用最小标准》（Common minimum standard）等。

除了全国性范围的建筑规范和相关法律，地方政府也为控制当地的建设规划颁布了一系列的规范指南，例如，大伦敦政府为了实现伦敦的可持续发展，提出了《可持续设计和建设补充规划指南》；基于对空气环境的控制，提出了《建设和拆除过程中尘土控制指南》等。为了更有效地利用纳税人的钱和伦敦的可持续发展，针对政府采购项目，伦敦市长提出了《负责人采购政策》（responsibleprocurement policy）、《可持续采购政策》（sustainable procurement policy）和《绿色采购准则》（green procurement code）要求政府采购项目从供应商的多样性、环境的可持续性、增强社会福利等方面改善采购的质量。

3.2.2 美国的相关法律

美国的宪法规定了美国是一个联邦制且三权分立的国家，中央政府即联邦政府与州政府之间根据宪法有着明确的治权分工，属于州权的领域，只要不违反宪法，联邦政府无权干涉。从中央到州各级政府都是同构，各级政府之间有着严格的上下级关系。这一点对于建筑市场的影响而言，最典型的表现是有关工程项目建设的行政监管和许可都属于各州政府的管辖职权，反而联邦政府没有相应的职权。

美国在联邦层面没有统一的建筑法，而只在州政府层面各州都分别有自己的《建筑条例》(Building Code)。为了使各州的建筑条例尽量统一，以方便建筑企业和从业人员跨州执业，美国有专门组织编写《国际建筑条例》（IBC）作为各州立法的示范法规条文。目前，IBC 得到了各州的广泛采用,但各州也大都会根据本州的实际情况对 IBC 做一些局部修改。州法律对本州的所有工程建设项目都构成严格的约束，州内的政府工程也不例外，但联邦政府对州法律有豁免权。

其他影响工程建设的联邦法律有无障碍法、劳工法、环保法等，由于美国是英美法系，并不像大陆法系那样有清晰系统的成文法，相关法律往往包含大量的法案。

除了国会法案外，政府行政系统常常也会有一些相当于法规和部门规章层面的行政指令和条例，这些都需要行政部门在法律授权范围内发布。

对于政府公共工程，在联邦层面，美国通过法律明确授权了联邦事务服务总局（GSA）对政府办公建筑全寿命期承担公共业主的使命，除此以外，其他的美国政府部门都无权自行修建办公设施。这种具有明确法律地位的公共业主在联邦层面主要还包括住宅与城市建设部、交通部、垦务局、国防部等，分别负责住宅及城市规划、交通、农业水利设施、军事及国防设施等。在州层面，政府公共工程也大都设立有类似 GSA 的机构作为政府业主。

美国的建筑市场 80% 的投资来自私人部门，对这些私人部门的投资建设活动的监管是政府对建筑市场行政监管的主要任务，具体的行政监管的主体是州及州以下地方政府。地方政府一般设有专门机构，负责从规划、技术、安全、环保、标准、消防等方面对工程建设活动的实施过程进行监管。

在美国从事工程建设，按照时间顺序一般需要申请以下三项许可，即规划许可、施工许可和动用许可。在市场准入方面，美国对设计咨询市场准入实行的是个人执业资格准入，而没有对企业的资质管理。建筑业从业人员的资格和水平衡量有 2 个途径——从业执照和专业证书。对于施工市场，承包商可以是企业，也可以是个人，企业作为法人机构，被置于与自然人同样的监管地位。

3.3 项目管理相关政策支持机构及标准

3.3.1 国际项目管理相关协会

1. 国际项目管理协会（IPMA）

国际项目管理协会（International Project Management Association，简称 IPMA）是成立于 1965 年，总部设在瑞士洛桑的国际项目管理组织，IPMA 的成员主要是各个国家的项目管理协会，到目前为止共有 34 个成员组织。

这些国家的组织用他们自己的语言服务于本国项目管理的专业需求，IPMA 则以广泛接受的英语作为工作语言提供有关需求的国际层次的服务。为了达到这一目的，IPMA 开发了大量的产品和服务，包括研究与发展、教育与培训、标准化和证书制以及有广泛的出版物支撑的会议、讲习班和研讨会等。除上述各成员组织外，还有一些其他国家的学会组织与 IPMA 共同促进项目管理。对于那些已经成为 IPMA 成员的各国项目管理组织，他们的个人会员或团体会员已自动成为 IPMA 的会员。在那些没有项目管理组织或本国项目管理组织尚未加入 IPMA 的国家的个人或团体，可以直接加入 IPMA 作为国际成员。

2. 美国项目管理协会（PMI）

美国项目管理协会有限公司（也称美国项目管理学会有限公司），即 PMI（Project Management Institute），成立于 1969 年，是全球最大的非盈利性项目管理专业国际权威机构，致力于全球范围内的项目管理研究、标准制定和出版、价值倡导、职业认证和学位课程认证，提供有价值的信息、资源和专业人士交流平台。其中，PMI 制定和出版的《项目管理知识体系指南》（PMBOK Guide）以 11 种语言在全球发行超过 200 多万册，是事实上的项目管理国际标准；其项目管理专业人士（PMP）资质认证具有广泛的国际影响力，是项目管理领域唯一真正全球通用的权威认证，也是世界 500 强企业的首选；其倾力研发和推出的组织级项目管理成熟度模型（OPM3）及其评估、改进工具着重于项目管理对各类组织的战略价值。

PMI 在项目管理学术研究和实践领域具有国际权威性。PMI 一直致力于支持职业和专业发展、制定专业标准、开展研究、提供有价值的信息和资源。为推动职业与专业的发展，提供唯一在全球通用的项目管理职业认证、全球项目管理专业人士的交流平台和全球最大的项目管理专业人士社区参与机会。

PMI 还审批注册教育机构（Registered Education Provider, REP）、鉴定项目管理学位课程、为项目管理从业人士设立职业发展框架（Career Framework）、为组织提供组织项目管理成熟度模型（Organizational Project Management Maturity Model, OPM3®）。其解决方案协助组织和个人简化工作流程、提高工作效率、降低运营成本、增强竞争力，最终用知识创造价值，实现个人的职业化发展，并为组织创造业绩。

3. 英国皇家特许建造协会（CIOB）

英国皇家特许建造学会（CIOB）是一个主要从事建筑管理的专业人员组织起来的社会团体，是一个涉及建设全过程管理的专业学会。该学会成立于1834年，在1980年获得皇家的认可。在过去的多年中，CIOB会员具有不同的层次，其中层次最高的两类会员，即资深会员（FCIOB）和正式会员（MCIOB），被称为“皇家特许建造师”（Chartered Builder）。由于CIOB在国际上具有较高声望，近年来，国内外越来越多的从事建筑管理的专业人员希望成为皇家特许建造师。

CIOB以会员为主，但也开始授予特许建造公司。无论是对个人还是团体来说，CIOB都制定有详细的资格标准、申请程序以及监督程序。

皇家特许建造学会还在两个方面起着积极的作用：一是参与政府有关部门制定行业标准；二是会员资格认可标准（包括教育标准）。

学会至今已有180多年的历史。自成立之日起，学会一直是在建筑业内建立、推行，以及维护最佳标准的先驱；并且以全球的眼光和步伐致力于建造环境中建筑管理人才的培养和教育。

CIOB是英国唯一涉及建筑管理专业的权威团体，也是英国建筑领域内仅有的9家皇家特许学会之一。作为专业学会，CIOB的职能包括：制定并维护建筑管理专业标准；建筑管理领域专业人士的代表；不断提高CIOB会员的标准和声誉；提升整个建筑行业的高标准。具体说来，这些职能涵盖：对政府机构提出政策建议、有关建筑管理标准的制定和维护、会员专业资格认证、评估高等学校学位课程并提供专业服务、科研项目、发行各种报告和出版物、信息交流以及组织研讨会等活动。

CIOB的目标是：推动专业化、影响建筑业、认可成就、搭建专业平台、提升行业标准。

目前学会在全球 100 多个国家中拥有超过 43000 名会员，会员均为具有丰富经验的建筑行业内的管理人员和专业人士，致力于达到并且维护行业内的最高标准和最佳实践。学会帮助和引导会员们进行持续专业发展，以不断提高个人在职业生涯的进取和发展中所需要的专业技能和知识。

随着全球一体化和建筑业的迅速发展，CIOB 在国际建筑行业内的地位日益增高，有超过 20% 的 CIOB 会员来自英国以外的其他国家。中国香港是 CIOB 英国本土之外的最大分支，而中国大陆则是 CIOB 会员发展最快的地区之一。现在中国香港和大陆地区已经拥有 3000 多名 CIOB 会员，其中 1300 多名来自中国大陆，主要分布在北京、上海、重庆、广州、深圳、天津、武汉和西安等地。CIOB 在全球已经成为最具影响的国际专业学会之一。

CIOB 在国际上具有极高声望，其会员资格在国际建筑行业中得到广泛的认可。英国皇家特许建造师（Chartered Builder）已成为欧盟、美国、澳大利亚、非洲、东南亚、中东等国家和地区最为权威的执业资格之一；并成为建设管理专业人士的标志。

4. 国际成本工程师协会（AACE）

国际成本工程师协会（AACE）的前身为美国成本工程师协会（American Association of Cost Engineering），于 1956 年在美国由项目管理、成本估算、进度控制等专业人士创立。随着协会的发展，会员拓展到全世界，20 世纪 90 年代初期改名为国际成本工程协会（Association for the Advancement of Cost Engineering-International, AACE-I），大多数场合使用 AACE International，简称为 AACE。目前，AACE 会员分布在全球 80 多个国家，并在大多数的国家拥有分会。AACE 的所有会员都是以个人名义加入，所有的分会都是AACE的分支机构，目前在中国香港、澳门、台湾等地区设有分会。2006年，该协会发布了Total Cost Management Framework正式引入全面成本管理的体系，自此全面成本管理成为该协会推动各项工作的宗旨。

5. 国际造价工程联合会（ICEC）

国际造价工程联合会，英文为International Cost Engineering Council（简称ICEC），是由美国造价工程师协会（AACE）、英国造价工程师协会（A Cost E）以及荷兰的DACE和墨西哥的SMIEFC于1976年在波士顿会议上发起成立的。它是一个旨在推进国际造价工程活动和发展的协调组织，为各国造价工程协会的利益而促进相互间的合作，已经取得了很大的进展。目前该组织的团体会员已从最初的4个发展到目前的21个。在ICEC中，每个会员组织，都有一名代表并拥有一票的选举与表决权，会员组织则通过其代表来管理ICEC的活动。中国建设工程造价管理协会作为中国工程造价行业唯一的国家组织，2007年3月正式加入了国际造价工程联合会。

ICEC近来发展的重大举措是建立了区域组织。ICEC已对其全体会员组织都进行了区域性管理，目前ICEC共有四个区域性分会：第一区域包括南、北美洲；第二区域包括欧洲和中东；第三区域是非洲；第四区域覆盖整个亚太地区。ICEC每两年举办一次全体代表大会，此外，还有定期举行的区域性会议。

ICEC选举产生的行政管理人员具有广泛的地区代表性，他们的职责是促进团体会员之间的交流和在世界范围内推进造价工程专业的发展。ICEC存在的价值完全是为了各会员组织的利益，它没有任何资产，它的生存完全是靠会员组织的支持、国际代表大会和区域分会的捐助以及那些支持ICEC的各种公司所给予的赞助。

3.3.2　国际工程项目管理相关标准

工程项目管理是一项技术性强的复杂工作，要符合社会化大生产的需要，为了使项目管理工作具有通用性，使之专业化和社会化，提高管理水平和经济效益，工程项目管理必须标准化、规范化。目前，国际通行的主要项目管理标准有五个：由美国项目管理协会（PMI）编制的PMBOK；由国际标准化组织（International Standard Organization，ISO）提出的“项目管理质量指南”（IS010006）；由英国政府商务部（OGC）开发的 PRINCE2（Projects IN Controlled Environment）；由国际项目管理协会（IPMA）编制的 ICB（IPMA Competence Baseline）；以及由国际成本工程师协会（AACE）编制的 TCM（Total Cost Management），下面对各标准的特点进行分析。

1.PMI 编制的 PMBOK

美国项目管理学会（PMI）于 20 世纪 70 年代末首次提出了项目管理知识体系指南（PMBOK），编制 PMBOK 旨在归纳总结项目管理知识体系中在绝大多数情况下能适用于绝大多数项目的公认做法，其价值和实用性也得到人们广泛认同，能够为项目带来成功的管理技术。该指南认为项目管理的实质是按照计划的时间、范围和成本完成项目的目标。

2. 英国政府商务部（OGC）的 PRINCE2

PRINCE 的意思是受控环境中的项目管理，它是组织、管理和控制项目的方法。

PRINCE2 是倾向于战略层次的项目管理，是基于过程结构化的项目管理方法，它为管理项目提出了最基本的且能灵活使用的管理原理和方法。

PRINCE2 是进行有效项目管理的结构化方法。它旨在为项目内所需的各种专业和活动提供一个总体框架，广泛适用于各种项目，在任何水平下给出项目作业的逻辑序列。

3. 国际项目管理协会（IPMA）的 ICB

ICB 即国际项目管理专业资质标准。它是 IPMA 制定的欧洲项目管理知识体系，通过制定一些审核项目管理人员个人素质、知识、技能和经验等资质标准，旨在鼓励和提高从事项目管理专业人员的整体素质，提高管理质量，以便高质量高效率地完成目标。

IPMA 在全球推行的四级项目管理专业资质认证体系，被称为国际项目管理专业资质认证（International Project Management Professional，简称 IPMP），用于综合评估项目管理人员的总水平。IPMP 认证的基准正是 ICB。

ICB 根据 IPMA 各成员国的情况补充了很多内容，知识体系涵盖广泛，强调项目管理人员解决实际问题的能力，除了考核专业知识外，重点考察管理人员的素质和处理问题的能力，是对项目经理进行综合评价的标准。

4. ISO 的“项目管理质量指南”——ISO10006

1997 年，国际标准化组织（ISO）以 PMBOK 为框架提出“项目管理质量指南（ISO 10006）”，该标准是 ISO9000 族中重要的支持性技术指南。该指南作为 ISO 9004-1 的补充，规定了质量体系的要素、概念和有关惯例，不仅在项目管理中对项目执行起重要作用，还对于达到质量标准具有影响。该指南通用于各种规模和类型的项目，但由于 ISO10006 主要以 PMBOK 的框架为基础，内容也仅涉及项目质量管理部分，所以它的影响力和推广发展程度还比不上 PMBOK。

5. AACE 编制的 TCM

TCM 是 AACE 最为重要的技术标准，TCM 采用了一种系统的方法实施企业、程序、设施、项目、产品或服务的全生命周期的成本管理。TCM 所提供的对于项目组合、项目集、项目管理中的成本管理的各个方面的结构性、注释性全面解决方案，首次诠释了成本管理与其他实践活动以及相关专业领域之间的关系。

第 4 章　国际工程项目管理模式选择

4.1 影响工程项目管理模式选择的因素

建设项目立项后，项目业主应尽快根据自身的技术力量和管理能力、项目性质、投资的来源、建设规模的大小、工程的复杂程度等条件确定拟建项目的项目管理模式及其管理组织，其作用是对项目的建设进度、质量、资金使用等实施控制和管理。选择怎样的项目管理模式应根据项目的内部环境并结合项目的外部环境进行分析后，做出正确的选择，本节总结影响业主选择项目管理模式类型的关键因素。

4.1.1 业主方的技术力量和管理能力

业主往往既是项目的投资者之一，又是建成后的经营者，故作为项目建设主体的重要一方，本身应具备一定的技术力量和项目管理人才。其自身技术力量的强弱和项目管理水平的高度，将对项目的成功实施和按期高质量竣工产生较大的影响，从而也会左右业主对项目管理模式的抉择。业主方的项目管理的职责主要是：

（1）进行投资前期研究，以确定项目；

（2）进行项目集资，以落实资金来源；

（3）选择设计师、承包商和咨询顾问，进行设计和施工阶段的合同管理，主要承担协调、监督和控制任务，包括项目的目标的控制；

(4) 接受贷方对项目实施阶段的监督；

(5) 进行项目的验收和接收，并投入运行。

根据技术力量和项目管理水平的高低不同，业主在对项目管理模式类型的选择上也有所不同。在业主方有类似工程的建设经验，自身拥有较强的技术力量和较高的管理水平，业主一般会选择 DBB 模式，这时业主是管理的主体；在交钥匙或把工程项目管理委托给项目管理公司时则建设项目经理代表业主承担了主要的职责；在总承包方式中，业主只对设计和施工总承包商进行管理，其职责和任务也是较少的。

4.1.2　资金的来源与构成

资金是项目建设的重要因素，它影响着项目的进度控制，甚至关系到项目能否顺利竣工。资金筹集是项目建设的重要前期工作之一。从总体上看，项目的资金来源可分为投入资金和借入资金，前者形成项目的资本金，后者形成项目的负债。资金的来源与构成在一定程度上也影响着项目管理模式的选择。

如果项目的投资主要是由业主的自有资金提供，则业主完全可以根据项目的性质和自身的特点自主地选择项目管理模式。如果投资者是通过贷款或其他方式向业主提供资金，由业主负债建设经营一个项目，那么投资者必然会关心这个项目能否成功，建成后能否盈利，或者说能否收回他的本息。因此，他必然要介入对这个项目进行适当的管理。最典型的要数世界银行对贷款项目的管理，它有一整套完整而严格的管理办法，从而对整个项目的管理产生一定的影响。当然，项目的实施主要是业主的责任，贷方只是起监督作用。

在国际承包市场逐渐向总承包过渡的过程中，由于业主常在大型基础设施项目中缺乏资金，而承包商急于寻找工程，于是就先带资承包，待工程完工后向业主索要工程款，这就是所谓的带资承包模式。在许多发展中国家，由于没有足够的财力来进行大量的基础设施建设，故东道国政府将这些大型工程的建设和经营特许权都交给承包商，承包商从特许期的经营中获取收益，并以这些收益来抵消为整个项目所付出的费用及成本。特许期结束后，将项目无偿地转让给委托人，这就是所谓的以项目融资为主要特点的 BOT 方式。

4.1.3 项目的性质

尽管国际工程项目千差万别，且具有各自独特的特点。但依据项目的专业性质与建设规律还是可以对其进行一定的分类。不同性质或不同类别的项目，往往仅对某一种项目管理模式更为合适，项目的性质是影响项目管理模式选择的重要因素之一。

工程项目中包含一类规模大、技术程度高的工业项目，如化工、钢铁、能源等项目。这类建设项目的科技含量高，需承包商和项目管理者具有丰富的类似工程建设经验，一般适合于专业公司进行总承包管理。对于以往通常由政府投资建设的基础设施项目，如电站、铁路、港口、公路、桥梁、水库等。正是由于这类项目能够通过收费获得收益，且项目的市场和资金回报率相对比较稳定，投资者的投资受益相对较有保障，使得世界上许多国家积极采用 BOT 项目建设方式，这种方式也为世界上许多国家尤其是发展中国家基础设施和大型工业项目的发展开辟了一条新的融资和建设渠道。而对一些国防或军事工程，由于其特殊的保密性质，政府往往会采取特殊的承发包和项目管理方式。对于一般的普通民用建筑，业主对项目管理模式的选择则无过多的限制而具有较大的自由性。

4.1.4　项目工期的要求

建设项目的工期是项目重点控制目标之一。它不仅关系到项目的竣工时间，还影响到项目建成投产后的经营效益乃至投资者能否早日收回投资的问题。因此合理的工期往往是投资者、项目业主、包括承包商在内的建设各方主体所共同追求的目标。

在建筑业中，工程项目不能按期完工非常普遍。影响项目竣工速度的因素很多，但业主选择设计一种合适的项目管理模式也是改善这一问题的重要方法之一。对于一些时间要求相当紧迫的项目，一般可以考虑采用平行承发包模式，因为设计和施工任务经过切割分别捆成一个个较为独立的单体后，设计与施工有一段搭接关系，从而缩短了整个工期。由于联合体和合作体承包管理模式能够按优化组合原则进行项目建设，从而就在进度控制方面能力较强。至于 CM（快速路径法）项目管理模式，它的指导思想采用“边设计，边施工”的方法，使设计和施工充分搭接，能最大限度地缩短从设计到施工的时间跨度而得到一个最优工期，而且由于 CM 班子的早期介入有利于设计优化、减少工程变更等诸多优点。要想承包商早日进场开工，则“设计 + 建造”和“两阶段招标”的管理模式也是明智的选择。

4.1.5　项目的规模

项目的规模大小差别很大。如水利工程、电站、港口、机场、高速公路等基础设施项目，一般投资规模大，对国民经济的影响也相对重要，而普通工业与民用建筑则投资规模相对要小得多。投资规模是影响项目在选择管理模式时的一个不可忽视的因素。

投资规模小的项目，一般选用选择性竞争或公开竞争的招标方法，对于那些规模大、专业多、技术复杂和时间要求紧迫的大中型项目，如大量的基础设施项目，业主更适合使用委托项目管理公司，通过项目管理公司专业化、高质量的服务来达到“经济”和“效率”的目的，或采用如平行承发包、CM 和 NC 项目管理模式等诸多复杂一些的模式。

4.1.6 地域性特点

项目所在国家或地区的地域性也会对项目管理模式产生一定的影响。有些国家或地区的业主有一定的偏好，会习惯性地选择某一种或一类项目管理模式，对这类模式由于长期采用已积累了丰富的经验。

同时，项目所在地的经济因素与政治因素也是业主和承包商会谨慎考虑的问题。经济因素主要指项目背景区域的资源潜力、国际收支及发展规划、财政及汇率政策和调整趋势；政治因素包括政治总体稳定性和该区域的国际关系状况。两者的不同状况使得项目潜伏着大小不等的风险，业主和承包商都会考虑并采用风险较小或易控制的项目管理模式。其他如项目所在地的自然因素、社会文化因素、法律因素和技术因素等都或多或少的对项目管理模式的选择产生影响。

4.1.7 项目的合同计价方式

在市场经济条件下，合同是经济利益各方的行为标准，关系到整个项目的成本问题、竣工时间、工程质量问题。不同的合同结构会产生不同的经济利益效果，合同类型的选择要和交易方式相匹配，不同的合同方式要求的项目定义深度不同，而不同的管理模式对项目也有着不同的定义深度，不同的项目管理模式有不同的工程合同与之匹配。

4.2 国际工程项目管理模式选择的原则

正如每个项目有其固有特点一样，各种项目管理模式也有各自的长处和缺点，以及它的侧重点与适用范围。业主选择了一种模式，也就确定了项目建设主体各方在项目建设中的关系和地位。合同结构、组织结构、信息传递关系、风险分配状况和主体各方地位等构成了项目管理模式的框架，而又以合同结构为主要内容。在市场经济条件下，合同是经济利益各方的最高准则，不同的合同结构会产生不同的经济利益效果。同时，项目业主对项目目标追求的侧重点也有所不同，如有的项目要急于投产运营，则追求项目的工期成为第一目标；而有的业主由于项目投资资金有限，故成本控制成为他选择管理模式考虑的重点；也有的业主特别注重工程质量；还有的业主以环保、节能等作为追求的目标。至于业主自身的技术力量和管理水平、项目资金来源与构成及项目本身的性质与规模等更是业主在选择项目管理模式时必须考虑的问题。

鉴于业主在项目管理中所处的独特地位，对工程项目管理的原则和方法有别于承包商和其他参与方。主要表现为其管理工作的范围更加全面，管理要素更为复杂，而管理深度却相对较为宏观。更考虑目前社会建筑市场中业主们的现状，在对具体的工程项目，业主在选择管理模式时，有一些普遍适用的指导原则可遵循十分必要。分析拟建项目的性质、投资规模、工期和质量要求、业主自身能力特点等，再根据这些原则，使得业主较易掌握选择管理模式的方法。指导原则具有对业主的明确指导作用，帮助分析项目特点和目标要求，从而在项目做前期工作之时，就有明确的管理模式意向，增强业主在项目建设管理中的主动性。

4.2.1 管理模式决策科学化

首先，项目管理模式选择在项目决策过程中必须尊重客观规律，按照科学的决策程序进行，所谓科学程序就是坚持“先论证、后决策”的原则，坚决杜绝“边投资、边论证”的做法；其次，社会化大生产的特点是项目规模大、投资多、技术复杂、牵涉面广，单凭个人经验决策很难做出准确判断，在选择具体的项目管理模式时，就需要贯彻民主的原则，依靠集体的智慧，广泛集中经济、技术、管理等各方面专家，集思广益，发挥他们的聪明才智来进行决策。

4.2.2 确保有力实施“目标控制”

在市场经济条件下，项目法人代表投资方对项目实施传统的质量、投资、进度三大目标控制以及环保、节能等其他目标控制，以保证其投资效益的实现。每种项目管理模式都有其固有的组织结构，投资业主在分析模式特点时，应分析项目各方主体在实施目标控制方面的力度，保证投资、质量与工期等目标的合理。并能保证各方主体本着在技术上可行、经济上合理的原则，对影响各目标的诸多因素进行分析，应用预测技术，提出详细的预控措施，真正抓好事前控制。

4.2.3 充分考虑项目业主技术力量与管理能力

作为投资主体的建设项目业主既是资金持有人，又是建设项目所有者，按照项目法人责任制的原则，不仅要对项目建设的过程负责，又要对项目建设的成败和项目运营的好坏负责；既要负责筹措项目的建设资金，还要对建设过程、生产经营及还款付息，直至发挥投资效益承担责任。鉴于业主处于建设项目实施阶段项目管理的核心地位，因此必须运用系统工程的观念、理论和方法进行项目管理模式的选择。

项目业主自身的技术力量与管理水平高低是建设项目选择管理模式和合同结构时必须充分考虑的最重要因素之一。业主在项目建设前通常会组建自己的项目班子，包括技术、经济、管理等专业人员。例如，业主的项目班子有类似工程的丰富建设经验，同时拥有较强的专业技术力量和较高的项目管理水平，则 DBB 不失为业主的好选择。

4.2.4　合理分析项目资金来源与构成

业主在对以自筹资金为主的项目建设中，对项目管理模式完全可以根据项目的性质和规模以及管理主体的能力而自主做出选择。由于更多项目的投资资金要由贷款来解决，故这类项目除按国家的建设程序外，还必须坚持按贷款程序办事的原则。典型的如世界银行贷款项目，它有一套完整而严格的项目管理程序，故已形成特定的项目管理模式。

在国际上，有引导的利用私人资本或由私营企业融资来提供传统上由政府提供的公共设施和社会公益服务的项目日益增多，这类项目在实施方式上通常采用 BOT、PFI、PPP 等项目管理模式。

4.2.5　适应项目性质与规模

工程项目的规模有大小之差，技术有难易之分，组织管理有繁简之别。工程项目性质的差别和规模大小不同，决定了工程项目建设的管理方式和工程承包方式也要多样化。无论业主选择项目管理模式，还是通过招标投标进行工程承发包，项目本身的性质与规模必须与之匹配。

工程项目千差万别，而依据专业性质与建设规模可以进行一定的分类。每一种项目管理模式往往有它的适用范围，对一定专业性质或一定建设规模的项目才能产生良好的管理效果。任何拟建项目，投资业主应利用自己的项目班子或聘请咨询顾问公司对项目性质进行详细分析，确认其为高科技工业项目、大型基础设施项目、国防军事项目或为一般的普通民用建筑等，而后再考虑适合的管理模式。

4.2.6 尊重项目地域性特点

尊重地域性特点原则就是业主在选择项目管理模式时，必须充分考虑项目所在地区或国家的地域性。许多国家或地区对项目管理都有传统的模式，或对某一类模式有特殊的偏好，应用这种或这一类模式，无论承包商，还是咨询和供应等单位都已积累了丰富的经验，故在这些地区，业主在项目建设中则首先得考虑当地传统模式。一个国家或地区对建筑业运作都有一些强制性的规定，甚至颁布了一些法律和法规，作为业主必须在严格遵守法律法规的前提下，再对管理模式和合同结构做出抉择。作为非本地区的投资业主，熟悉本地的经济和政治状况，作为业主也需认真考虑。

4.2.7 项目建设主体各方责任、利益、风险对等

项目管理的责任，利益、风险应是对等的。没有责任和利益的统一，项目的建设主体不可能真正承担投资风险，投资效益也就成为一句空话。因此，要赋予项目建设各方主体严格的经济责任，明确“谁决策，谁负责”，这可以作为选择合适的合同结构的依据之一。同时，作为投资主体应当是形成新资产的所有者和受益者，做到“谁投资，谁受益”，使项目业主真正以自己的经济生命承担投资风险。每一种项目管理模式都有其特定的合同结构，风险分担状况都在合同结构中得以明确。业主在考虑和选择一种管理模式时，就应分析其项目建设各方主体的责任、利益、风险

是否对等。最合理和节约工程成本的合同应该是根据工程具体情况，将每一风险都分摊给最有条件管理和能设法将风险减少到最低程度的一方。只有做到这一点，才能真正调动项目建设主体各方积极性，使项目获得预期效果。

4.2.8 保证信息畅通

在整个工程建设管理中，实现目标控制的基础是信息。特别在那些规模宏大的工程中，及时、准确、实用的信息就显得尤为重要，因高质量的信息为决策提供了可靠的依据，一条信息在工程项目中有时可为业主节约几万、几十万甚至几百万，信息管理在项目建设工作中发挥越来越巨大的作用。

而要获得准确可靠的信息，首先得建立流畅的信息网，即信息横向传递覆盖全面，纵向传递高效顺畅。在考虑设置项目管理模式时，必须使所有项目建设主体各方能顺利和及时地获得信息和提供信息，不仅要使项目管理组织内部的信息畅通，还要使项目管理组织与之有联系的外层组织之间也通畅。

4.3 国际工程项目管理模式选择方法

在工程项目的建设中，对于业主来说，要取得项目建设的成功，选择合适的最优化的项目管理模式是项目成功的前提条件。而要使所选的项目管理模式最为适用，只有通过对项目的内在和外在的各种因素来进行综合评价才能做出抉择。在深入分析国际工程项目管理模式影响因素、确定原则的基础上，本书提出国际工程项目管理模式的两种选择方法：经验判断法和层次分析法。下面具体论述这两种方法。

4.3.1 经验判断法

经验判断法是在充分熟悉各个国际工程项目管理模式的基础上，根据项目的性质与规模、项目目标控制力度、业主方工程项目能力、项目资金情况、项目地域性以及合同方式这六个方面进行经验判断，快速的分析判断出该项目适合采用的项目管理模式候选方案。

首先，根据项目资金状况判断是否需要采用BOT、PFI或PPP三种融资模式之一，如果需要采用，根据项目性质等判断需要采用的具体融资模式；其次，根据业主方工程项目能力判断是否需要采用CM、PM或PMC三种组织与管理模式之一，如果需要采用，根据项目性质和规模、项目目标控制力度等判断需要采用的具体组织与管理模式；最后，根据项目的性质和规模、项目目标控制力度、项目地域性特点、项目合同方式等判断DBB、DB、EPC这三种合同方式的选用。具体步骤如下：

步骤一：确定根据融资方式分类的BOT、PFI、PPP三种项目管理模式的选用。

（1）根据项目资金情况进行经验判断

如果业主资金缺乏，尤其是政府面临资金匮乏，需要引进社会资本进行融资，可考虑采用BOT、PPP或PFI。否则不需要采用依靠社会资本融资。

（2）根据项目性质进行经验判断

如果确定需要引进社会资本进行融资，BOT一般适用于赢利性公共设施项目，以便通过运营期的收费来偿还债务资金。PFI/PPP应用领域较BOT扩大，既适用于赢利性公共设施项目，又为私营资本进入非营利性公共实施项目开辟了更广阔的途径，政府通过长期租用协议或建成后使用期的补贴等方式予以有力的支持。

综上所述，模式选取的流程图见图4-1。

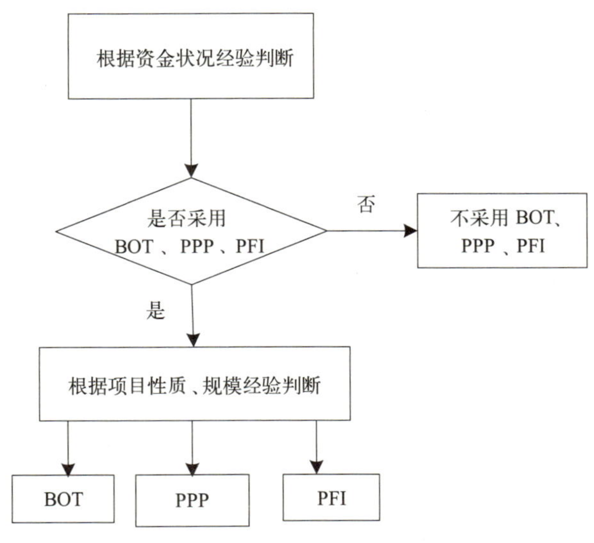

图 4-1　BOT、PPP、PFI 模式的选取流程图

步骤二：确定根据组织管理方式分类的 CM、PM、PMC 三种项目管理模式的选用。

（1）根据业主方工程项目能力进行经验判断

1）业主的项目班子有类似工程的丰富建设经验，同时拥有较强的专业技术力量和较高的项目管理水平，则业主可采用自行管理的模式，可不需要委托项目管理公司进行管理。

2）当业主具有多个项目，或者业主方项目管理人员缺乏经验，管理能力不足时，可以委托专业的项目管理公司进行项目管理服务，可采用 CM、PM 或 PMC 模式。

（2）根据项目的性质、规模进行经验判断

当业主确定委托项目公司对项目进行管理时，可以根据项目的性质、规模判断采用哪种模式。

1）CM 模式适合复杂项目和工期紧的项目；不适合技术简单、图纸已完成、设计标准化、工期短的项目。

2）PM 模式适合简单项目和复杂项目，项目复杂时，要求项目管理公司有相当的管理经验。

3）PMC 模式适用于复杂的设备安装或包含大型设备制造安装的综合性工程项目，如工业生产制造基地、核电站、大型综合性商业楼群等，涉及跨行业的多个技术领域的项目；很少在道路、桥梁、房屋建筑等以土建工程为主的基建项目采用。

（3）根据项目目标控制力度进行经验判断

当业主确定委托项目公司对项目进行管理时，可以根据项目目标控制要求判断采用哪种模式。

1）建设项目的工期是项目重点控制目标之一

对于一些时间要求相当紧迫的项目，一般可以考虑 DBB 模式加 CM 项目管理模式，因为设计和施工任务经过切割分别捆包成一个个较为独立的单体后，设计与施工有一段搭接关系，采用 CM 项目管理模式，它的指导思想采用“边设计，边施工”的方法，使设计和施工充分搭接，能最大限度地缩短从设计到施工的时间跨度而得到一个最优工期，而且由于 CM 班子的早期介入有利于设计优化、减少工程变更等诸多优点。

PM/PMC 模式下，专业的项目管理公司派出具有丰富工程项目管理经验的项目经理（及其团队）对一个工程项目进行全过程的管理服务，充分发挥项目经理在这方面的优势和经验，可以适时的进行分包等，从而对进度实现较好的控制。

2）建设项目的投资是项目重点控制目标之一

风险型 CM 模式，一般业主要求 CM 经理提出保证最高价格（GMP）以保证业主的投资控制，如最后结算超过 GMP，由 CM 经理的公司赔偿，如果低于 GMP，节约的投资归业主，可按约定给 CM 公司一定比例的奖励性提成。采用该模式可有效控制投资。

综上所述，模式选取的流程图见图 4-2。

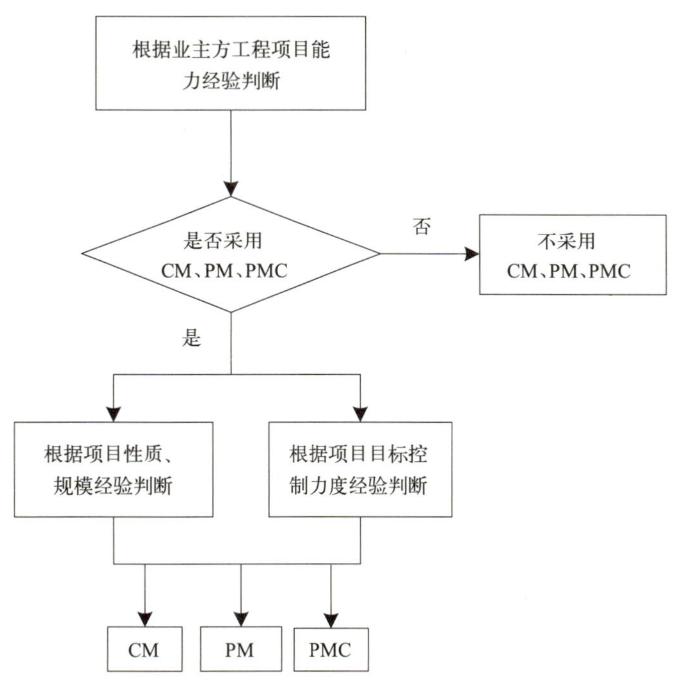

图 4-2　CM、PM、PMC 模式选取的流程图

步骤三：确定根据合同方式分类的 DBB、DB/EPC 项目管理模式的选用。

（1）根据项目的性质、规模进行经验判断

DBB 模式应用广泛，适用于世界银行、亚洲银行贷款项目等大部分项目，尤其是适用于一般的普通民用建筑。

DB 模式适用于房屋建筑和大中型土木、机械、电力等项目；适用于规模和难度较大的工程项目；不适用于工程各方面不确定性因素多，风险大的项目；不适用于技术简单、设计工作量少的项目。

EPC 模式主要应用于以大型装置或工艺过程为主要核心技术的工业建设领域，如通常包括大量非标准设备的大型石化、化工、橡胶、冶金、制药、能源等项目；适用于规模大、工期长、技术复杂的大型工程项目。

（2）根据项目目标控制力度进行经验判断

1）建设项目的工期是项目重点控制目标之一

对于一些时间要求相当紧迫的项目，一般可以考虑 DBB 模式加 CM 项目管理模式，因为设计和施工任务经过切割分别捆包成一个个较为独立的单体后，设计与施工有一段搭接关系，采用 CM 项目管理模式，它的指导思想采用“边设计，边施工”的方法，使设计和施工充分搭接，能最大限度地缩短从设计到施工的时间跨度而得到一个最优工期，而且由于 CM 班子的早期介入有利于设计优化、减少工程变更等诸多优点。

可采用 DM 模式，可通过对总承包商或分包商采用阶段发包方式以加快工程进度。

2）建设项目的投资是项目重点控制目标之一

采用 DBB 模式，对工程投资不易控制，特别是在设计过程中对“可施工性”考虑不够时，容易产生变更，从而引起较多的索赔。

采用 DB/EPC 模式，单个承包商对整个项目负责，报价可能较高，但有利于在项目设计阶段预先考虑施工因素，可减少设计错误引起的变更及索赔等。同时总价包干（可调价）业主也可以得到早期的成本保证。

（3）根据地域进行经验判断

尊重地域性特点原则就是业主在选择项目管理模式时，必须充分考虑项目所在地区或国家的地域性。许多国家或地区对项目管理都有传统的模式，或对某一类模式有特殊的偏好，应用这种或这一类模式，无论承包商，还是咨询和供应等单位都已积累了丰富的经验，故在这些地区，业主在项目建设中则首先得考虑当地传统模式。

一个国家或地区，对建筑业运作都有一些强制性的规定，甚至颁布了一些法律和法规，作为业主必须在严格遵守法律法规的前提下，再对管理模式和合同结构做出抉择。作为非本地区的投资业主，熟悉本地的经济和政治状况，作为业主也需认真考虑。

（4）根据合同方式进行经验判断

1）业主希望采用总价包干的方式，把更多的风险转移给承包商，适合采用 DB/EPC 模式。

2）DBB 模式下，即可采用单价合同，又可以采用总价合同。

综上所述，模式选取的流程图见图 4-3。

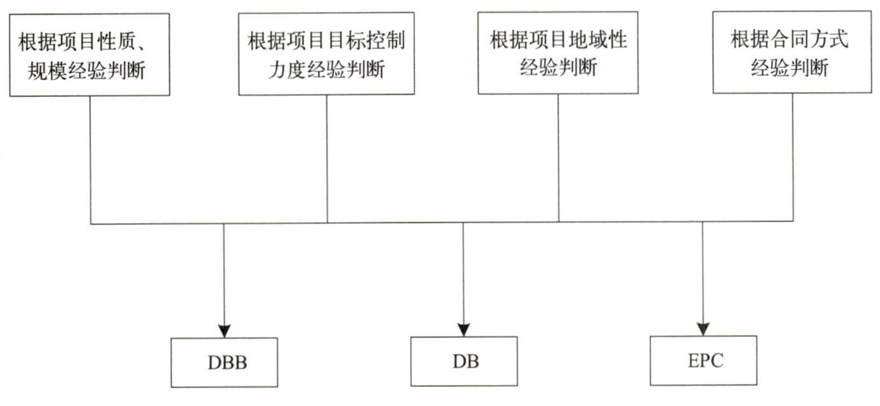

图 4-3　DBB、DB、EPC 模式选取的流程图

4.3.2　层次分析法

运用层次分析法构建项目管理模式，选择评价的模型，在该模型基础上，通过专家打分法定量的确定最优的项目管理模式。

1. 层次分析法

（1）层次分析法基本原理

层次分析法（Analytic Hierarchy Process，简称AHP法）是美国运筹学家T.L. Saaty于20世纪70年代提出的，是一种定性与定量分析相结合的多目标决策分析方法，特别是将决策者的经验判断给予量化，对目标（因素）结构复杂且缺乏必要的数据情况下更为实用。

（2）层次分析法原理

层次分析法是面对复杂决策问题实用的解决方法。

首先对问题所涉及的因素进行分类，然后构造一个各因素之间相互联结的层次结构模型。因素的分类如下：一为目标类，即运用层次分析法最终要解决问题和要实现的目标；二为准则类，这是衡量目标能否实现的标准；三为措施类，是指实现目标的方案、方法、手段等。从目标到措施自上而下地将各类因素之间的直接影响关系排列于不同的层次，并构成一个层次结构图，根据层次结构图确定每一层的各因素的相对重要性的权数，直至计算出措施层各方案的相对权数，这样就给出了各方案的优劣次序，以供决策。

（3）层次分析法计算步骤

1）构建层次模型

根据具体问题一般可分为目标层、准则层和措施层。复杂问题可分为总目标层、子目标层、准则层（或制约因素层）、方案措施层，或分为层次更多的结构。

2）确定评价指标体系

根据被评项目的具体情况，经过调查、咨询、讨论确定评价各层次的准则因素，建立评价指标体系。这些准则是作为某一具体项目选择最优化项目管理模式时的评价依据，并不是一成不变的，不同的工程项目

C	A_1	A_2	A_3	A_4
A_1	1			
A_2		1		
A_3			1	
A_4				1

图 4-4　成对方式比较矩阵模式

选择的准则因素会依项目的具体情况而有所不同。

3）构造判断矩阵，确定权重

在决策问题中，设置元素的权重首先要做出成对方式的比较，即按某个指定的标准，比较每一对元素。也就是根据确定了的评价指标体系对各层次的准则因素进行两两比较。

这种比较是通过建立一个判断矩阵实现的。例如，在递阶层次的顶端选择一个准则层 C，用来做第一个比较准则。然后在紧接着的下一层拿出被比较的 A1、A2、A3、A4 四个元素。如图 4-4 所示，在一个矩阵中排列这些元素。

在这个矩阵中，按照左上角的准则 C，将左侧那列元素中的 A1 与最上一行的 A2，A3，A4 进行比较，然后再用左侧列元素中的 A2 与 Al，A3，A4 进行比较，如此类推。

在成对方式的比较矩阵中，我们具体地使用数字标度来代表一个元素针对准则超越另一个元素的相对重要性。数字标度定义并解释了递阶层次中每层元素针对上层准则而进行成对方式比较时用数值 1 ～ 9 所表示，并判断其程度。当我们使用这种标度时，可以先采用词语的判断方式，然后再将它们转换成数字模式，即量化。这种量化所得的判断是近似的，它们的有效性可以通过一致性的测试进行判断，由此指定表 4-1。

成对比较的标度　　表4-1

重要程度	定义	词语描述
1	同等重要	两个元素同等重要
3	稍重要	一个元素比另一个元素稍重要
5	重要	一个元素比另一个元素明显重要
7	很重要	一个元素比另一个元素重要幅度很大
9	绝对重要	一个元素极端重要于另一个元素
2,4,6,8	以上那些标度的中间值	

注：倒数值为当i与j比较时，被赋予以上某个标度值，则j与i比较时的权重就是那个标度的倒数。

4）判断一致性

层次分析法是基于人的主观判断进行的，而两两比较的主观判断常常会导致成对判断矩阵的不一致。在一个决策问题中，了解我们判断的一致性程度是非常重要的。因为我们不想把决策建立在可能导致错误的极不一致的判断之上。而另一方面，想要追求完美的一致性也是不切实际的。AHP 通过计算一致性比值（CR）这一手段来测量总体的一致性程度，这个比值不应超过 10%，如果超过了 10%的话，就意味着判断具有某种程度的随意性。此时，调整的方法就是：在第一轮所得的排序基础上，重新调整各个元素的排列。然后根据意识中重新排列的概念，寻找出第二个成对比较矩阵，这样下去，一致性应该会越来越好。

5）得出结论

若经过一致性的判断得出的排序向量符合要求，用这组排序向量乘以相应的准则权重，再将各个向量相加就得到最终的总体排序。

2. 项目管理模式优化选择模型

（1）各层次的确定

根据层次分析法理论和影响业主选择项目管理模式的主要因素，将这一模型设置为 4 个层次。第一层：目标层，即选择最优化的项目管理模式；第二层：第一类准则层，即评价最优化项目管理模式的第一类指标；第三层：第二类准则层，即评价最优化项目管理模式的第二类指标；第四层：措施层，即可供选择的项目管理模式类型。

（2）评价指标体系的建立

具体而言；第一类准则层可分为五大项指标，第二类准则层可分为十五项，见表 4-2。

国际工程项目管理模式选择指标体系　　表4-2

总指标	一级指标	二级指标
项目管理模式	项目目标控制力度 u_1	工期 v_{11}
		投资 v_{12}
		质量 v_{13}
	业主方工程项目能力 u_2	工程经验 v_{21}
		技术力量 v_{22}
		管理能力 v_{23}
	项目性质、规模与地域性 u_3	项目性质 v_{31}
		项目规模 v_{32}
		项目地域性 v_{33}
	项目资金状况 u_4	自有资金比例 v_{41}
		资金充裕度 v_{42}
		贷款人限制 v_{43}
	合同方式 u_5	单价合同 v_{51}
		总价合同 v_{52}
		成本加酬金合同 v_{53}

第一大项指标为项目目标控制力度 u_1，包括第二准则层中工期 v_{11}、投资 v_{12} 和质量 v_{13} 等三项；

第二项指标为业主方工程项目能力 u_2，包括第二准则层中业主的工

程经验 v_{21}、技术力量 v_{22} 和管理能力 v_{23} 等三项；

第三项指标为项目性质、规模与地域性 u_3，包括第二准则层中项目性质 v_{31}、项目规模 v_{32} 和项目地域性 v_{33} 等三项；

第四项指标为项目资金状况 u_4，包括第二准则层中项目自有资金比例 v_{41}、资金充裕度 v_{42}、贷款人限制 v_{43} 等三项；

第五项指标为合同方式 u_5，包括第二准则层中单价合同 v_{51} 和总价合同 v_{52}、成本加酬金合同 v_{53} 等三项。

因此得出第一层次的评价指标集 $u=\{u_1, u_2, u_3, u_4, u_5\}$；第二层次的评价指标集 $u_1=\{v_{11}, v_{12}, v_{13}\}$，$u_2=\{v_{21}, v_{22}, v_{23}\}$，$u_3=\{v_{31}, v_{32}, v_{33}\}$，$u_4=\{v_{41}, V_{42}, V_{43}\}$，$u_5=\{v_{51}, v_{52}, v_{53}\}$。对这五大类指标及各项分类指标，根据不同项目的实际情况及不同管理模式的特点可给予它们不同的合理权重。

项目管理模式优化选择模型如图 4-5 所示。要特别提出的是，评价项目管理模式的五大类、十五个评价指标并不是一成不变的，评价指标的确定应根据工程项目的具体情况有所增减，该模型是一个通用的可借鉴的评价模型。

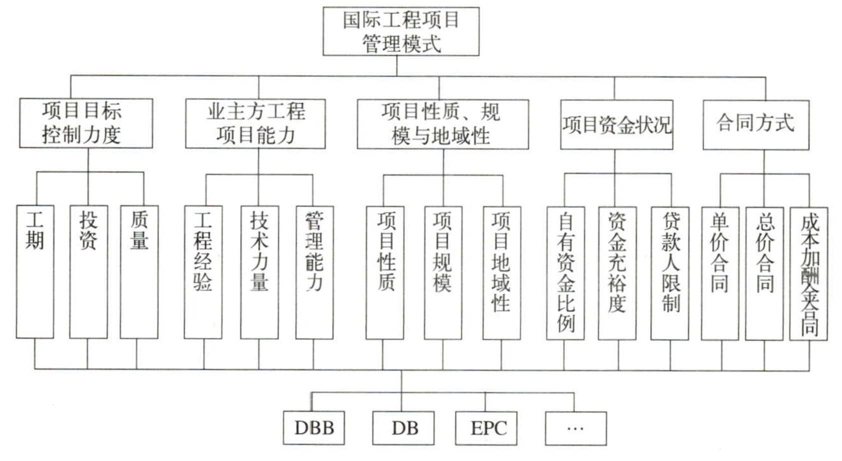

图 4-5　国际工程项目管理模式优化选择模型

3. 模型各评价指标的含义及评价的准则

（1）项目目标的控制力度

所谓项目的目标控制，通常指传统的项目工期、投资和质量的管理控制，但是对有的项目来说，绿色、节能、环保等也是项目控制的目标，本模型以传统的三大目标控制为例，模型应用时评价指标的确定应根据工程项目的具体情况有所增减，各种项目管理模式都有其特有的组织机构，对目标的控制效果也有较大的差距，有的管理模式对保证或缩短工期有较好的效果，有个管理模式对质量控制有非常理想的手段，而另有一些管理模式对投资控制十分擅长等。

各评判者可根据具体的工程项目、业主要求以及管理模式的特点给予各指标相应的权重。投资控制在项目管理中占有绝对重要的地位，也是业主和承包商双方所共同关心的，因为工程成本的花费直接影响到业主和承包商双方的经济利益，故这个指标是非常敏感的。从承包商的立场上看，工程成本管理与控制的目的是将施工中实际花费的成本控制在投资预算成本之内，以赚取相应的利润；而对于业主来说，总希望尽量降低投资，如果存在资金不足的问题，则更应在全面考虑各个指标的情况下重点考虑投资控制力度因素。任何情况下工程质量都该得到保证，对于重点工程或对于国计民生影响重大的工程，则应加大对质量控制因素的考虑。而对于项目工期较紧或工期对项目业主的经济效益将产生重要影响，则在评判时就应加大对工期指标的考核。各参评者在充分评析工程项目和管理模式的基础上，给各指标以确切的评价值。

（2）业主方工程项目能力

业主方工程项目能力的评估目的在于通过对项目业主的能力和几种项目管理模式的特点进行分析和比选。根据业主的能力与项目管理模式的匹配程度确定项目管理模式的优劣排序。一般工程项目业主均拥有一定的技术力量和项目管理人才，甚至有类似工程建设的经验，只是水平有差异。而项目管理模式也各具特点，每种模式要发挥最佳效益需要具有一定技术与管理能力的业主支持。评估该项指标主要从以下三个方面来考察，即业主有无工程经验、业主的技术力量和项目管理能力。有的项目管理模式要求业主有一定的工程经验，有的要求业主有一定的管理能力，或对业主的技术力量要求较高。评估专家在对此项指标进行评估时，主要集中在项目管理模式与业主能力的匹配程度上，根据具体管理模式与项目业主的匹配度给予不同的分值，从而给管理模式的优化决策提供依据。

（3）项目性质、规模和地域性

业主在选择项目管理模式时，会考虑项目的性质、规模与地域性限制等因素，而每一种管理模式也均有一定的适应性，或适合某类性质的项目，或适合一定的规模。

项目类别、性质和规模作为影响业主选择管理模式的因素，它与被评价的每一种管理模式是否适合应用于该类性质和规模的项目，适合程度越高则评判值相应就越高，反之则越低。

项目的地域性限制是指项目所在地有无习惯性的偏好和传统模式，若存在则待评价的管理模式与之有多大的差别；而项目所在地的经济因素、政治因素和颁布的法律、法规和一些强制性的规定都表现为地域性限制，这些因素的不同状况使项目潜伏着大小不等的风险，评判专家根据约束性限制条件的强弱和各种管理模式的特点给定相应的分值。

（4）项目的资金状况要求

分析项目资金状况要求的目的是从资金的角度考核项目管理模式对拟建工程项目是否合适。作为工程项目技术成功基本保证条件之一的资金，对管理模式的抉择有着举足轻重的影响。

该项指标主要分以下三个部分：即业主的自有资金比例、资金充裕度和贷款人约束。各个国家对项目资本金的最低比例有一定的限制性规定，故项目的资本金比例高低和债务结构是否合理是专家评估何种管理模式较为合适的分指标之一。每一种项目管理模式都对项目资金充裕度有一定的要求，评估者根据各种管理模式的特点和项目本身资金的充裕与否做出评价。作为资金发放单位的贷款人，通常都会对贷款项目的建设和管理提出一定的限制性约束条件，典型的如国际金融机构贷款项目，它们均有一套完整而严格的管理程序，并提出该项目必须采用某一类管理模式等。故评估专家可根据各种项目管理模式与限制性约束条件的符合程度而打出合理的分值。

（5）合同方式

在市场经济条件下，合同是经济利益各方的行为标准，关系到整个项目的成本问题、竣工时间、工程质量问题。不同的合同方式要求的项目定义深度不同，而不同的管理模式对项目也有着不同的定义深度，不同的项目管理模式有不同的工程合同与之匹配，故评估专家可根据不同的合同计价方式与项目管理模式的匹配程度而打出合理的分值。

最后根据专家打分的结果和层级分析模型的计算，得分最高的项目管理模式即为最优化的项目管理模式。

4.3.3　项目管理模式确定的流程

（1）采用经验判断法，根据项目资金状况、项目的性质、规模，项目目标控制力度、业主方工程项目能力，项目地域性合同方式进行经验判断，依次确定项目的融资模式、组织管理模式、和合同模式，从而确定适合的项目管理模式，通常根据经验判断法可以确定相对适合的项目管理模式候选方案。

（2）在经验判断法确定的候选方案的基础上，通过构建优化选择模型，通过专家打分及层级分析模型的计算来确定最优的项目管理模式。

项目管理模式确定的流程如图 4-6 所示。

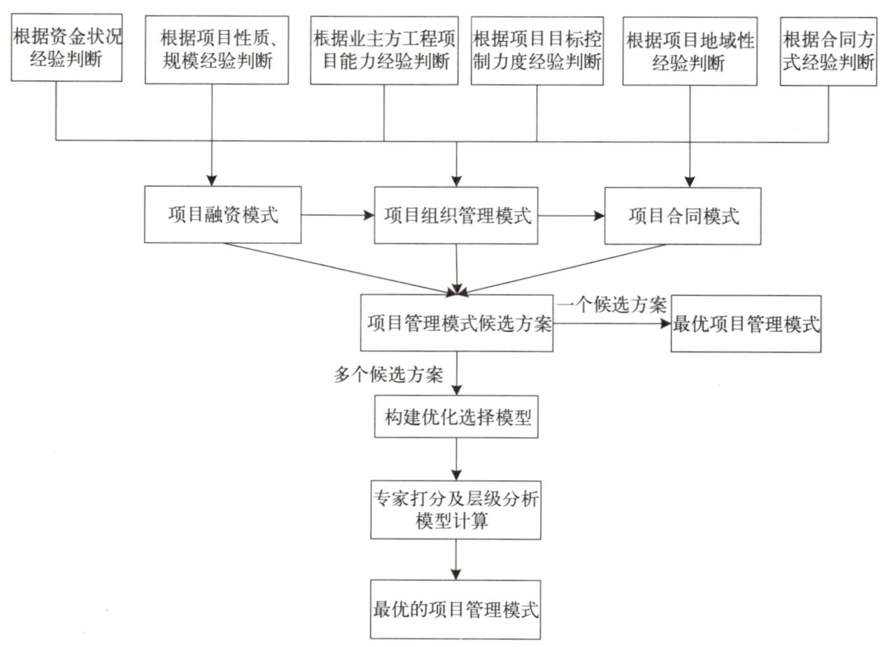

图 4-6　项目管理模式确定流程

4.4 国际工程项目管理模式选择的案例分析

4.4.1 迪拜办公楼项目管理案例分析

1. 项目背景

本工程为迪拜自由区政府投资项目，总投资约 3 亿迪拉姆，资金全部自筹。项目性质为办公楼，共 29 层，地下一层为仓库，地面层和夹层设计为餐厅和商场，以上为政府办公楼和出租办公楼，停车场设在室外，共有 723 个车位。本工程工期较宽裕。

本工程为双子楼，由两座对称的塔楼组成，地下一层，层高 4.725m，地上地面层和夹层层高分别为 6m 和 4m，其余 27 层标准层高 3.75m，楼宇总高 125m（按迪拜市政标高）。16 层以下标准层每栋建筑面积为 1077m^2，17 层以上标准层每栋建筑面积为 950m^2。总建筑面积约为 62000m^2，总占地面积约为 45000m^2。室外地坪标高约为 +6.5m。地下水位标高约为 +2.9m。本工程基础工程为桩基础，地下一层为全现浇剪力墙结构，地面层至 8 层为框架剪力墙核心筒结构，8 层以上为核心筒加钢结构。外墙为 1 层，以上为玻璃幕墙，其他为干挂石材及仿石漆，入户大堂及各层电梯大堂为石材和仿石砖装修面，办公室为可移动式壁纸隔墙，其他墙面刷乳胶漆，大堂至办公室的走廊为仿石漆和玻璃隔墙，天花为硅盖板块状天花。每栋楼在室外各有一座独立配电站，包括高压配电室、低压配电室、水泵房、发电机房、冷冻机组等。每栋楼各设有 6 部客用电梯和 1 部消防电梯，消防中心设置在夹层。每层设有配电房、电话房和通讯房。每栋大楼竖向服务井有三个：核心筒内设有空调、消防等用服务井，核心筒外设有污水用服务井，大楼外独立钢结构服务井为空调冷凝水等用。

2. 项目管理模式的选择

（1）经验判断

1）确定项目的融资模式

根据该项目的资金状况进行经验判断，该项目为政府项目，资金全部自筹，没有贷款，因而不需要引进社会资本进行融资。

2）确定项目的组织管理模式

根据业主方工程项目能力和项目的性质、规模进行经验判断，业主方项目管理人员缺乏经验，管理能力不足，且该项目为办公楼，不涉及极其复杂的大型装置或工艺过程，规模适中，因而委托专业的项目管理公司进行项目管理服务，采用 PM 模式。

3）确定项目的合同模式

根据项目的性质、规模，项目目标控制力度，项目地域性，合同方式等进行经验判断，该项目的性质为办公楼，规模适中，同时该项目的工期比较宽裕，但业主对投资控制的要求较高，该项目相对适合的项目管理模式为 DBB 或 DB。

下面通过层次分析法构建优化选择模型，对这两种模式进行综合评估，最终确定最优化的模式。

（2）层次分析法

1）评价指标体系的确定

第一类准则层可分为五大项指标，第二类准则层可分为十五项，如下：

第一大项指标为项目目标控制力度 u_1，包括第二准则层中工期 v_{11}、投资 v_{12} 和质量 v_{13} 等三项；

第二项指标为业主方工程项目能力 u_2，包括第二准则层中业主的工程经验 v_{21}、技术力量 v_{22} 和管理能力 v_{23} 等三项；

第三项指标为项目性质、规模与地域性 u_3，包括第二准则层中项目性质 v_{31}、项目规模 v_{32} 和项目地域性 v_{33} 等三项；

第四项指标为项目资金状况 u_4，包括第二准则层中项目自有资金比例 v_{41}、资金充裕度 v_{42}、贷款人限制 v_{43} 等三项；

第五项指标为合同方式 u_5，包括第二准则层中单价合同 v_{51} 和总价合同 v_{52}、成本加酬金合同 v_{53} 等三项。

2）指标权重的确定

选取经验丰富的专家，对此评价指标体系采用表 4-1 成对比较的标度进行评价。本案例中，各评价指标相互间的比值是在综合了专家意见的基础上确定的，以此计算出各评价指标的权重值。

① 一级指标判断矩阵及权重计算

第一层次的目标所要达到的目标即：选取最优化的项目管理模式。

一级指标项目目标控制力度 u_1，业主方工程项目能力 u_2，项目性质、规模与地域性 u_3，项目资金状况 u_4，合同方式 u_5 的判断矩阵、权重计算及一致性检验见表 4-3 所示。

一级指标判断矩阵、权重计算及一致性检验　　表4-3

目标层	u_1	u_2	u_3	u_4	u_5	各行元素连乘	行元素积的 n 次方根	权重归一化
u_1	1	2	3	5	6	180	2.825	0.419
u_2	1/2	1	3	4	5	30	1.974	0.292
u_3	1/3	1/3	1	3	5	1.667	1.108	0.164
u_4	1/5	1/4	1/3	1	3	0.05	0.549	0.081
u_5	1/6	1/5	1/5	1/3	1	0.0022	0.294	0.044
一致性检验	$CR=0.029<0.1$ 符合一致性检验要求							

② 二级指标判断矩阵及权重计算

a. 项目目标控制力度

运用以上所述方法判断矩阵权重值如表 4-4 所示，其中 u_1 为项目目标控制力度及二级指标工期 v_{11}、投资 v_{12} 和质量 v_{13}。

项目目标控制力度各指标权重计算及一致性检验　　表4-4

u_1	v_{11}	v_{12}	v_{13}	各行元素连乘	行元素积的 n 次方根	权重归一化
v_{11}	1	1/2	1	1/2	0.794	0.250

续表

u_1	v_{11}	v_{12}	v_{13}	各行元素连乘	行元素积的 n 次方根	权重归一化
v_{12}	2	1	2	4	1.587	0.500
v_{13}	1	1/2	1	1/2	0.794	0.250
一致性检验	CR=0, 证明具有完全的一致性					

b. 业主方工程项目能力

运用以上所述方法判断矩阵权重值如表 4-5 所示，其中 u_2 为业主方工程项目能力及二级指标业主的工程经验 v_{21}、技术力量 v_{22} 和管理能力 v_{23}。

业主方工程项目能力各指标权重计算及一致性检验　　表4-5

u_2	v_{21}	v_{22}	v_{23}	各行元素连乘	行元素积的 n 次方根	权重归一化
v_{21}	1	1/2	1/3	1/6	0.550	0.164
v_{22}	2	1	1/2	1	1	0.297
v_{23}	3	2	1	6	1.817	0.536
一致性检验	CR=0.009<0.1，证明具有良好的一致性					

c. 项目性质、规模与地域性

运用以上所述方法判断矩阵权重值如表4-6所示，其中，u_3 为项目性质、规模与地域性及二级指标项目性质 v_{31}、项目规模 v_{32} 和项目地域性 v_{33}。

项目性质、规模与地域性各指标权重计算及一致性检验　　表4-6

u_3	v_{31}	v_{32}	v_{33}	各行元素连乘	行元素积的 n 次方根	权重归一化
v_{31}	1	1	3	3	1.442	0.429
v_{32}	1	1	3	3	1.442	0.429

续表

u_3	v_{31}	v_{32}	v_{33}	各行元素连乘	行元素积的 n 次方根	权重归一化
v_{33}	1/3	1/3	1	1/9	0.481	0.142
一致性检验		*CR*=0, 证明具有完全的一致性				

d. 项目资金状况

运用以上所述方法判断矩阵权重值如表 4-7 所示，其中，u_4 为项目资金状况及二级指标项目自有资金比例 v_{41}、资金充裕度 v_{42}、贷款人限制 v_{43}。

项目资金状况各指标权重计算及一致性检验　　　　**表4-7**

u_4	v_{41}	v_{42}	v_{43}	各行元素连乘	行元素积的 n 次方根	权重归一化
v_{41}	1	1/2	2	1	1	0.297
v_{42}	2	1	3	6	1.817	0.539
v_{43}	1/2	1/3	1	1/6	0.550	0.164
一致性检验		*CR*=0.009<0.1，证明具有良好的一致性				

e. 合同方式

运用以上所述方法判断矩阵权重值如表 4-8 所示，其中，u_5 为合同方式及二级指标单价合同 v_{51} 和总价合同 v_{52}、成本加酬金合同 v_{53}。

合同方式各指标权重计算及一致性检验　　　　**表4-8**

u_5	v_{51}	v_{52}	v_{53}	各行元素连乘	行元素积的 n 次方根	权重归一化
v_{51}	1	1	2	2	1.260	0.4
v_{52}	1	1	2	2	1.260	0.4
v_{53}	1/2	1/2	1	1/4	0.630	0.2
一致性检验		*CR*=0, 证明具有完全的一致性				

至此，已经得出全部五大类、十五项指标的权重。

③ 确定针对第二层评价指标的比较矩阵

第二层次的评价指标作为准则，对备选的两种项目管理模式 DBB 和 DB 进行比较，直接给出权重，见表 4-9。

以第二层级评价指标为准则比较权重值　　表4-9

模式	工期	投资	质量	工程经验	技术力量	管理能力	项目性质	项目规模	项目地域性	自有资金比例	资金充裕度	贷款人限制	单价合同	总价合同	成本加酬金合同
DBB	0.4	0.7	0.6	0.7	0.6	0.7	0.5	0.6	0.5	0.6	0.6	0.5	0.5	0.3	0.5
DB	0.6	0.3	0.4	0.3	0.4	0.3	0.5	0.4	0.5	0.4	0.4	0.5	0.5	0.7	0.5

3）确定最优的项目管理模式

将以上 15 个权重乘以相应的准则权重，然后相加得到关于选取最优项目管理模式的总体权重值,DBB 的权重值与 DB 的权重值如表 4-10 所示。

最优化项目管理模式总体权重值　　表4-10

第一级指标（权重）	第二级指标（权重）	DBB 模式	DB 模式
项目目标控制力度（0.419）	工期（0.25）	0.419×（0.4×0.25+0.7×0.5+0.6×0.25）=0.251	0.419×（0.6×0.25+0.3×0.5+0.4×0.25）=0.168
	投资（0.5）		
	质量（0.25）		
业主方工程项目能力（0.292）	工程经验（0.164）	0.292×（0.7×0.164+0.6×0.297+0.7×0.536）=0.195	0.292×（0.3×0.164+0.4×0.297+0.3×0.536）=0.096
	技术力量（0.297）		
	管理能力（0.536）		
项目性质、规模与地域性（0.164）	项目性质（0.429）	0.164×（0.5×0.429+0.6×0.429+0.5×0.142）=0.089	0.164×（0.5×0.429+0.4×0.429+0.5×0.142）=0.075
	项目规模（0.429）		
	项目地域性（0.142）		

续表

第一级指标（权重）	第二级指标（权重）	DBB 模式	DB 模式
项目资金状况（0.081）	自有资金比例（0.297）	0.081 ×（0.6 × 0.297+0.6 × 0.539+0.5 × 0.164）=0.047	0.081 ×（0.4 × 0.297+0.4 × 0.539+0.5 × 0.164）=0.034
	资金充裕度（0.539）		
	贷款人限制（0.164）		
合同方式（0.044）	单价合同（0.4）	0.044 ×（0.5 × 0.4+0.3 × 0.4+0.5 × 0.2）=0.018	0.044 ×（0.5 × 0.4+0.7 × 0.4+0.5 × 0.2）=0.026
	总价合同（0.4）		
	成本加酬金合同（0.2）		

由上表 4-10 可以得出：

DBB 模式的权重为：0.251+0.195+0.089+0.047+0.018=0.6；

DB 模式的权重为：0.168+0.096+0.075+0.034+0.026=0.4

因此，该项目的最优模式为 DBB 模式。

4.4.2　波兰波兹南市政垃圾热处理厂 PPP 项目案例

1. 项目概况

（1）项目背景

2004 年，波兰波兹南市政府为应对城市日益严重的城市垃圾处理和利用问题，决定建立一座垃圾热处理工厂，但其自身资金匮乏，并且缺少垃圾热处理的相关经验和技术，为解决这方面的局限性决定采用 PPP 模式进行建设。同时市政府根据欧盟标准调整了垃圾管理系统，并着手申请欧盟基金的资助。随后起草了项目申请文件、可行性研究报告及环境影响评价决策等配套材料。

波兹南市政府在 2009 年就垃圾处理厂的选址问题举行了公众咨询活动，征集了市民的意见，2010 年市政府确定了工厂选址，同时申请到了欧盟基金的资助。2011 年开始以竞争性对话方式筛选社会资本方，2013 年 4 月选定中标者，并于同年 8 月签订了 PPP 协议。与该公司签订的PPP协议将项目周期分为两个部分：建设周期，PPP协议签订后的43个月内；运营周期，建设周期结束后25年。

该项目的政府方是波兹南市政府。社会资本方是由SITA公司和Marguerite垃圾处理公司共同组成的特殊目的公司（SPV）——Sita Zielona Energia公司。SITA公司和Marguerite垃圾处理公司各持50%的股份。SITA公司是苏伊士环境公司的一家子公司，在欧洲管理着48家垃圾热处理工厂，每年处理约7300万t城市垃圾，是全球环保领域的领导者；Marguerite垃圾处理公司隶属于Marguerite Fund投资基金，Marguerite Fund是欧洲规模最大的基础设施投资基金之一。Sita Zielona Energia公司负责垃圾热处理工厂的建设、运营和维护等各个方面。此方式之所以可以实现公众利益主要是因为它可以充分利用政府采购法将复杂的投资结构规范化。

（2）项目融资和风险分担

该项目的融资部分由社会资本方、欧盟基金和市政府三者共同负责。一方面，Sita Zielona Energia公司向PEKAOSA银行和其他两家银行财团组成的联合体贷款投资该项目。另一方面政府积极申请欧盟资助基金，欧盟需对其投入部分和社会资本的部分报酬负责。此外，市政府选择主动承担垃圾处理的需求风险，因为政府在事前进行测试的结果表明该类风险较大。而社会资本承担建设和可用性风险，同时，社会资本方还要负责整个项目周期内垃圾热处理工厂的运营和维护。

（3）技术指标和报酬支付

项目规定了具体的技术指标，主要包括运用层燃炉和废热回收锅炉来保证垃圾的能量能够最大程度得到回收利用。另外还配备抽气冷凝式汽轮机装置，向城市供应热水以及向市政电网供应电力。工厂的工作容量每年达到21万t，生产线额定运营时间为每年7800小时。工厂还将配备两条热处理线，每条线的处理容量为每小时 13.5t。社会资本方报酬的支付机制是根据估算的垃圾热处理工厂的运营成本（分为固定和可变成本）、贷款的还本付息额、社会资本方的计划利润份额等各项之和，再扣减电能和热能的销售收入来计算。支付机制中各个部分的具体金额依据社会资本方向市政府提供的详细结算账户数据确定，市政府通过这种方法能够保证计算结果的准确性。社会资本方的报酬由市政府根据支付机制在既定的月份进行结算。

2. 项目管理模式选择

采用经验判断法，对该项目的模式进行选择。

（1）根据项目的资金状况选择

政府面临资金匮乏，需要引进社会资本进行融资，采用 PPP 模式可以很好地达到缓解政府资金压力的目的。同时有了政府的直接参与，银行等金融机构对项目的贷款会更有信心，项目融资成功的可能性大幅提高。从而为项目的顺利开展创造了非常好的基础。

（2）根据业主方工程项目能力选择

政府缺少垃圾热处理的相关经验和技术，为解决这方面的局限性可以采用 PPP 模式进行建设。PPP 模式选择的社会资本方在投资能力、专业技术和经验上均占优势。

（3）根据工程项目的目标进行选择

本项目的目标是政府可以减轻财政负担，降低债务率，同时完成基础设施的建设，以最有效的成本为公众提供高质量的服务。而 PPP 模式的核心是通过政府的全程参与，通过招标方式选择最优社会投资者，既达到不虚增项目建设和运营等环节的成本，又能保证公共事业的服务质量，保障社会大众的利益，PPP 模式能使社会资本和政府充分利用其各自优势，把社会资本的资金优势、技术能力、管理能力和政府的监督职能、公共产品提供功能等结合到一起。

PPP 模式下社会投资者只有当项目保质保量的完成并且得到相关部门验收以后才能开始从项目中得到收益或者财政补贴；社会投资者要想获得合理的回报，就只能在保证项目质量的同时降低项目的建设成本。因此 PPP 模式有利于提高公共产品的提供效率，降低项目总成本。

（4）根据项目的特点选择

本项目为市政垃圾热处理厂项目，属于公用事业项目，非常适合采用 PPP 模式。且该项目中市政府选择主动承担垃圾处理的需求风险，不仅有利于风险在项目的合理分担，保证项目的顺利进行，而且使得项目对于社会资本有更大的吸引力，调动社会资本参与的积极性。同时本项目制定了合理报酬支付方式，这种机制可以达到激励和约束社会资本的作用。

第 5 章　国际工程项目管理模式的实施

根据上一章的分析，项目立项后，业主应依据项目资金状况、项目性质与规模、业主方工程项目能力、项目目标控制力度、项目地域性等因素，确定拟建项目的项目管理模式及其管理组织，从而对项目的目标实施控制和管理。业主选择了一种模式也就确定了项目建设主体各方在项目建设中的关系和地位，确定了项目的组织结构、合同结构、各参与方的责任、信息传递关系、风险分配状况等。

本章介绍国际工程项目管理模式的实施，重点介绍与项目管理模式密切相关的项目前期策划管理、范围管理、合同管理、进度管理、投资管理、风险管理的实施的流程和内容，并重点分析了不同项目管理模式下，各参与方管理职能的内容和责任，为我国工程咨询企业进行国际工程项目管理提供参考。

5.1 国际工程项目的前期策划管理

本书中，从项目构思到项目正式批准立项，将该阶段定义为项目的前期策划阶段。在这一阶段中，项目策划人员根据业主的需求，从全局的和战略的角度出发研究和分析问题，在充分考虑项目的各种限制条件情况下，通过对拟建设的项目进行系统分析，对建设活动的总体战略进行运筹规划，对建设活动的全过程做预先的考虑和设想，以便最佳利用资源和展开项目运作，既实现业主的需求，又为保证项目在完成后获得满意的经济、环境和社会效益而提供科学的依据。项目前期策划对工程项目管理具有深远的影响：

（1）项目的前期策划工作主要是产生项目的构思，确立目标，并对目标进行论证，为项目的批准提供依据。它是确定项目方向的过程，项目的决策过程。它对项目整个生命期的实施和管理起着决定性作用。

（2）项目前期策划阶段确定的项目方案是对项目构思和项目需求的具体落实，是工程建设项目最根本性的东西，决定着项目的成败。

（3）项目前期策划阶段确定的各项目标，形成了项目管理的明确方向。工程项目是由目标决定任务，由任务决定工程的技术方案和实施方案或措施，再由工程技术方案产生工程活动，进而形成一个完整的项目系统和项目管理系统。所以项目目标是在项目和项目管理的各个阶段和各个方面形成的一条始终贯穿的主线。如果目标设计出错，常常会产生如下后果；

1）工程建成后无法进行正常的运行，达不到使用效果；

2）虽然可以正常运行，但其产品或服务没有市场，不能为社会接受；

3）运营费用高，没有效益、没有竞争力；

4）项目目标在工程建设过程中不断变动造成超投资，超工期等。

在前期策划阶段，工程项目的管理模式是管理者的一项重要工作。通常情况下，对于BOT、PFI或PPP融资模式的选用，项目前期策划阶段应当确定，而对于CM、PM或PMC组织与管理模式以及DBB、DB、EPC等合同方式的选用，适当在项目前期策划阶段应深入研究，并随着计划的推进逐步确定和完善。

5.2 国际工程项目的范围管理

在工程项目过程中，项目范围的确定，以及项目范围文件是一个相对的概念。项目建议书、可行性研究报告、项目任务书以及设计和计划文件、招标文件、合同文件都是定义和描述项目范围的文件，并为项目进一步实施打下了基础。它们是一个前后相继，不断细化和完善的过程，前期范围说明文件作为后面范围确定的依据。

5.2.1 工程项目范围确定的流程

通常情况下，项目的范围的确定过程如图 5-1 所示。

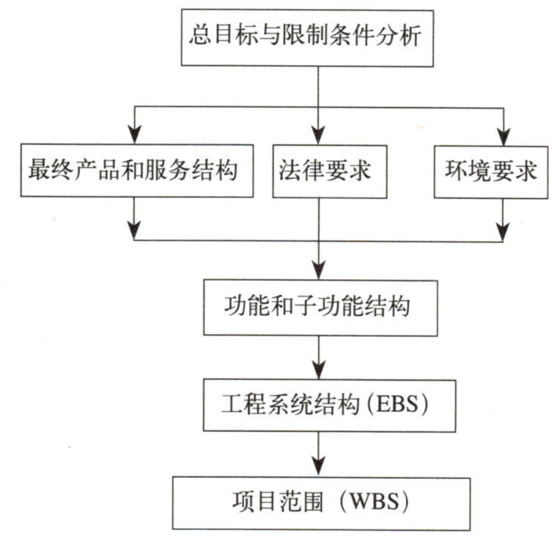

图 5-1　工程项目范围确定的流程

1. 项目的总目标、环境条件和制约条件分析以决定项目的总体范围

（1）全面分析研究项目目标，包括项目建议书、可行性研究报告、项目立项批准文件（或任务书）、项目的总计划。

（2）项目环境调查与限制条件分析

1）环境调查资料。如法律规定，政府或行业颁布的与本项目有关的各种设计和施工标准，现场条件，周边组织的要求等。

2）项目的其他限制条件和制约因素分析。如上层组织对项目的要求，实施总策略、项目实施的约束条件和假设条件，如预算的限制、资源供应的限制、时间的约束等。

2. 项目最终可交付成果（工程系统）范围和结构的确定

（1）按照项目的总目标、市场和用户要求界定项目产品用途，确定项目的最终产品的范围或服务的要求。这是针对工程建成后运营而考虑的。项目产品范围所定义的是要提交给用户的产品，它必须满足项目相关者的需要和期望，如地铁项目最终功能是对乘客提供运载服务。应对这些产品或服务结构和要求进行详细描述，包括项目最终产品或最终服务的性质、质量、数量，它们对工程系统（如地铁运营系统）具有规定性。

（2）按照最终产品和服务的结构确定工程系统的功能和子功能结构，列出功能分析表，定义各子系统、各部分的功能，由此可以确定工程技术系统的要求（范围、规范、质量标准）。

在实际工程项目中，还有很多工程的功能（子功能）并不是项目最终产品或服务所必需的，而是由如下因素决定的：

1）法律要求，如按照环境保护法，要配套兴建污水、垃圾处理设施，采用防噪声装置。

2）环境要求。包括项目相关者的要求，如工程中针对原居民的拆迁和安置工程；自然环境的影响，对周边建筑物的防护工程、特殊环境条件下对工程的保护设施。

3）功能是通过工程技术系统的运营实现的，工程系统应保证功能的完备性，包括实现所有功能和子功能，并保证提供满足工程系统安全、稳定、高效率运行所必需的硬件（如结构工程、设备、各种设施）和软件（信息资料、运行程序或服务）。对工程系统的分解就可以得到工程系统结构图或表（EBS）。

3. 项目范围的确定（WBS）

整个工程系统必须经历项目实施的各个阶段，由项目的任务书或合同定义形成项目工作，委托给项目任务承担者。

5.2.2　不同项目管理模式下各参与方的工作范围

在项目实施的各个阶段，项目任务承担者的工作范围与该项目采用的项目管理模式有关，各参与方的工作范围由项目管理的模式确定，表 5-1 ~ 5-3 为项目各个阶段不同项目管理模式下各参与方的工作范围。

DBB、DB、EPC模式下各参与方的工作范围　　表5-1

模式	参与方	策划	设计	招标	施工	融资	运营	拥有
DBB	业主	实施	管理	实施	管理	实施	实施	实施
	设计方		实施	配合	配合			
	施工方				实施			
DB	业主	实施	管理	实施	管理	实施	实施	实施
	DB 总承包方		实施	配合	实施			
EPC	业主	实施	管理	管理	管理	实施	实施	实施
	EPC 总承包方		实施	实施	实施			

PM、PMC模式下各参与方的工作范围　　表5-2

模式	参与方	策划	设计	招标	施工	融资	运营	拥有
PM+DBB	业主	实施		实施		实施	实施	实施
	PM 方		管理	管理	管理			
	设计方		实施	配合	配合			
	施工方				实施			
PM+DB	业主	实施		实施		实施	实施	实施
	PM 方		管理	管理	管理			
	DB 总承包方		实施	配合	实施			
PM+EPC	业主	实施				实施	实施	实施
	PM 方		管理	管理	管理			
	EPC 总承包方		实施	实施	实施			
PMC+DBB	业主	实施		实施		实施	实施	实施
	PMC 方		管理	管理	管理			
	设计方		实施	配合	配合			
	施工方				实施			
PMC+DB	业主	实施		实施		实施	实施	实施
	PMC 方		管理	管理	管理			
	DB 总承包方		实施	配合	实施			
PMC+EPC	业主	实施				实施	实施	实施
	PMC 方		管理	管理	管理			
	EPC 总承包方		实施	实施	实施			

BOT、PFI、PPP模式下各参与方的工作范围　　表5-3

模式	参与方	策划	设计	招标	施工	融资	运营	拥有
BOT	公共	实施	管理					实施
	私营		管理	管理	管理	管理	管理	
	项目公司		实施	实施	实施	实施	实施	
PFI	公共	实施						
	私营		管理	管理	管理	管理	管理	管理

续表

模式	参与方	策划	设计	招标	施工	融资	运营	拥有
PFI	项目公司		实施	实施	实施	实施	实施	实施
PPP	公共	实施	管理	管理	管理	管理	管理	管理
	私营	实施	管理	管理	管理	管理	管理	管理
	项目公司		实施	实施	实施	实施	实施	实施

5.3 国际工程项目的合同管理

在工程项目中合同具有特殊的作用，对整个项目的策划和实施过程有着决定性影响。合同分配着工程任务，项目目标和计划的落实是通过合同来实现的。它详细地、具体地定义与工程任务相关的各种问题。合同确定了项目的组织关系和运作规则，规定了项目参加者各方面的经济责权利关系，确定项目的各种管理职能和程序，所以它直接影响着整个项目组织和管理组织的形态和运作。

5.3.1 国际工程项目的主要合同关系

由于现代社会化大生产和专业化分工，一个规模较大的工程项目，其相关的合同就有几十份，几百份，甚至几千份。这些合同都是为了完成项目目标，定义项目的活动，它们之间存在复杂的关系，形成项目的合同体系。在这个体系中，业主和承包商是两个最重要的节点。

1. 业主的主要合同关系

业主必须将经过项目结构分解所确定的各种工程活动和任务通过合同委托出去，由专门的单位来完成。与业主签订的合同通常被称为主合同。根据项目管理模式的不同，业主可能订立许多份合同，所以对一个具体的工程项目订立合同的数量变化很大，一份合同的工程（工作）范围的差别有很大。例如DBB模式下通常业主签订的合同有勘察设计合同、供货合同、工程施工合同、贷款合同等。

2. 承包商的主要合同关系

承包商要承担合同所规定的责任，包括工程量表中所确定的工程范围的施工、竣工及保修，并为完成这些责任提供劳动力、施工设备、建筑材料、管理人员、临时设施，有时也包括设计工作，当然他可以将一些专业工程和工作委托出去。所以围绕着承包商常常会有复杂的合同关系，例如，承包商签订的合同有工程分包合同、设备和材料供应合同、运输合同、加工合同、租赁合同以及劳务合同等。

3. 其他方面的合同关系

根据项目管理模式的不同，也可能存在以下的合同关系：

（1）设计单位，供应单位也可能有分包；

（2）承包商有时承担部分工程的设计任务，他也需要委托设计单位；

（3）如果工程的付款条件苛刻，承包商须带资承包，他也必须订立贷款合同；

（4）在许多大型工程中，特别是EPC总承包工程中，承包商往往是几个企业的联营体，则这些企业之间必须订立联营承包合同。

因此，在工程中，特别是在大型工程中合同关系是极为复杂的。

5.3.2 国际工程项目的合同策划

合同总体策划的目的是通过合同保证工程项目目标和项目实施战略的实现，它属于组织策划的一部分，它主要确定对整个工程项目的实施有重大影响的合同问题，正确的合同策划不仅有利于签订一个完备的、有利的合同，而且可以保证各个合同圆满地履行，并使它们之间能完善地协调，以顺利地实现工程项目的总目标。

工程项目管理模式决定了所需要的合同模式，合同模式建立在工程项目管理模式的基础上，合同管理模式约定项目管理的内容和方式，项目管理是通过实现合同所约定的目标进而实现其管理职能。合同管理模式是连接项目管理模式和项目管理的承上启下的重要环节。三者关系如图 5-2 所示。

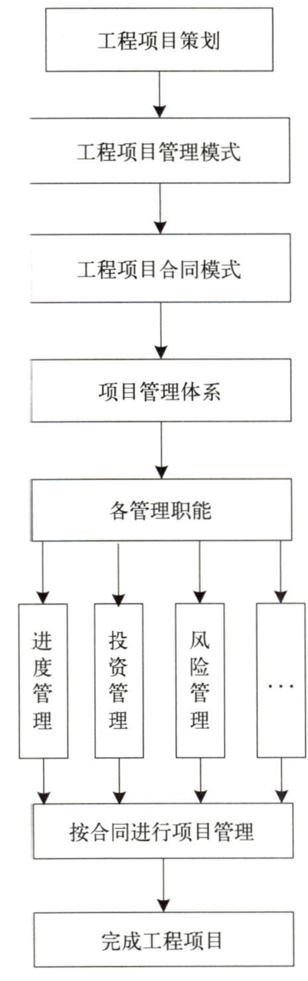

图 5-2　项目管理模式、合同管理模式和项目管理的关系

5.3.3 不同项目管理模式下的合同体系

项目的合同体系与该项目采用的项目管理模式有关，各参与方的合同管理责任由合同模式确定，本书第 2 章介绍了各种模式的特征和组织结构，但是在实际操作中，一个项目通常有很多合同，合同关系和管理关系比较复杂，本章以一个工业与民用建筑为例，通过合同体系示例图将各种模式的合同管理界面清晰的区分出来，图 5-3 ～图 5-7 分别为 DBB、DB/EPC、IPD、PM+DBB、PMC+DBB 模式下的合同体系示例图，图中符号的含义如下：

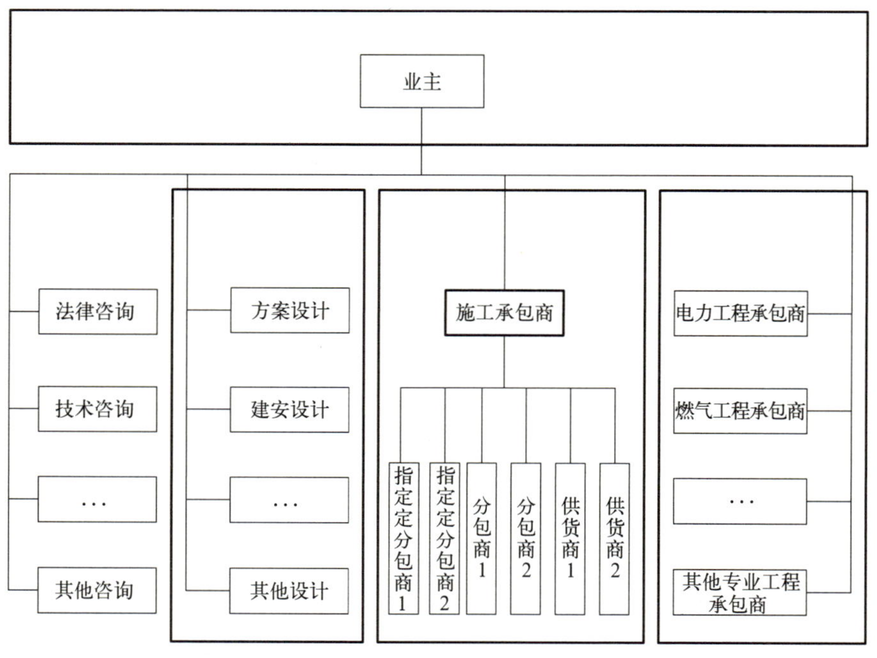

图 5-3　DBB 模式合同体系示例图

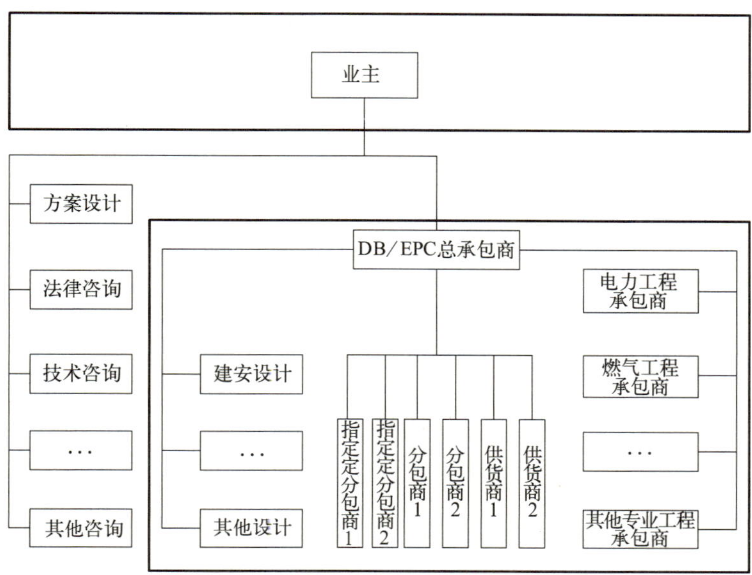

图 5-4　DB/EPC 模式合同体系示例图

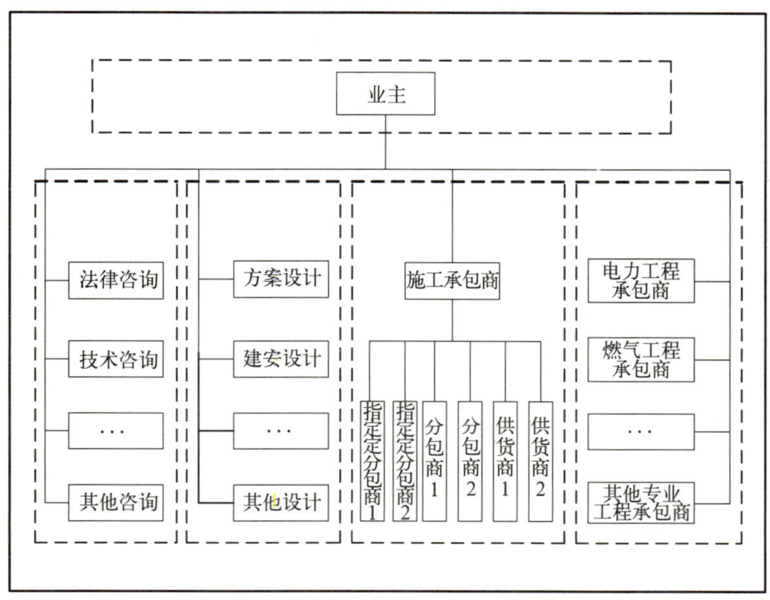

图 5-5　IPD 模式合同体系示例图

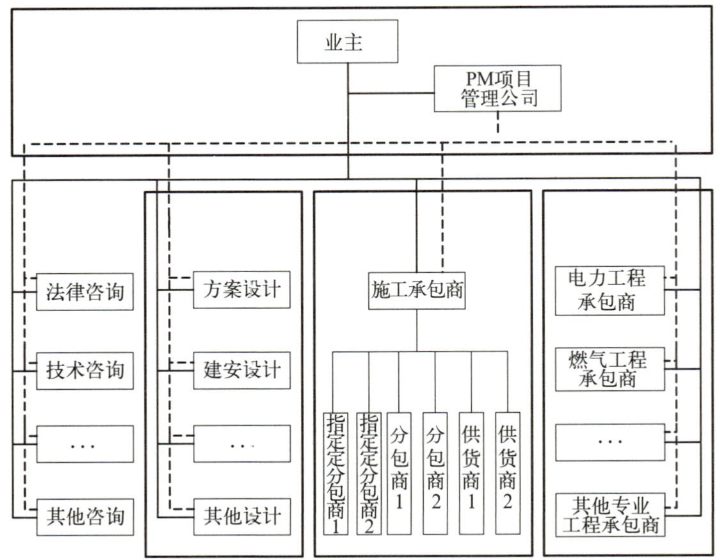

图 5-6　PM+DBB 模式合同体系示例图

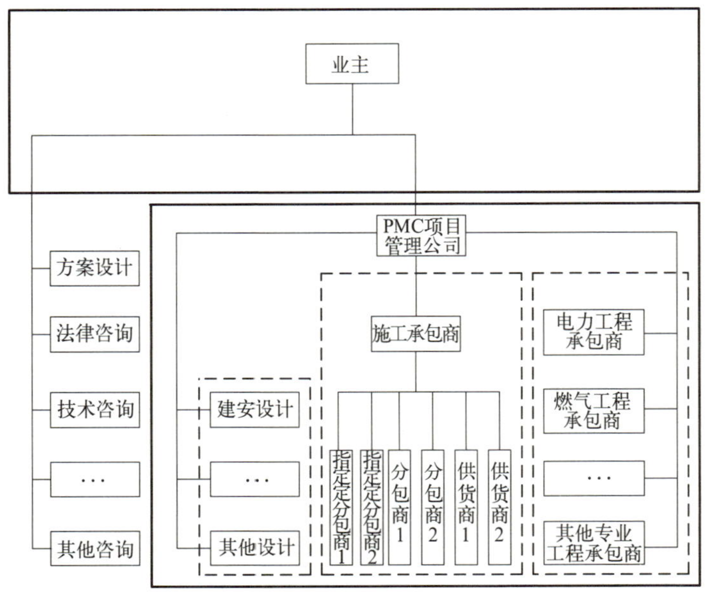

图 5-7　PMC+DBB 模式合同体系示例图

实线：合同关系。

虚线：管理关系。

实框：基于共同目标的合同集成管理单元，如业主方集成管理单元、DB/EPC 总承包方集成管理单元、PMC 管理总承包方集成管理单元。

虚框：根据管理特性不同分类的合同管理单元，如咨询合同单元，设计合同单元、施工总承包单元、专业工程承包合同单元等。

结合上图内容，表 5-4 和表 5-5 为不同项目管理模式下各参与方的关系。

DBB、DB/EPC模式下各参与方的关系　　表5-4

模式	参与方	业主	设计方	施工方	DB/EPC 总承包方
DBB	业主		合同	合同	
	设计方	合同			
	施工方	合同			
DB/EPC	业主				合同
	DB/EPC 总承包方	合同			

PM、PMC模式下各参与方的关系　　表5-5

模式	参与方	业主	设计方	施工方	DB/EPC 总承包方	PM 方	PMC 方
PM+DBB	业主		合同	合同		合同	
	PM 方	合同	管理	管理			
	设计方	合同				管理	
	施工方	合同				管理	
PM+DB/EPC	业主				合同	合同	
	PM 方				管理		
	DB/EPC 总承包方	合同				管理	

续表

模式	参与方	业主	设计方	施工方	DB/EPC总承包方	PM方	PMC方
PMC+DBB	业主						合同
	PMC方	合同	合同	合同			
	设计方						合同
	施工方						合同
PMC+DB/EPC	业主						合同
	PMC方				合同		
	DB/EPC总承包方						合同

5.4 国际工程项目的进度管理

在全面分析工程项目的各项工作内容、工作程序、持续时间和逻辑关系的基础上编制进度计划，力求使拟定的计划具体可行、经济合理，并在计划实施过程中，通过采取各种有效措施，为确保预定的进度目标的实现，而进行的组织、指挥、协调和控制（包括必要时对计划进行调整）等活动，称之为工程项目的进度管理。

进度管理的总目标是使项目工期得到有效的控制，进度管理是一项系统性工程，涉及工程项目的决策、设计、采购、施工、生产等多项内容，各项工作都应该按照总进度计划依次地进行，实现计划工期目标。

5.4.1 工程项目进度管理的流程

一般来说，影响工程进度的因素往往来自不同部门、不同时期，业主应事先对影响进度的各种因素进行调查，预测这些因素对进度可能产生的影响，编制可行的进度计划；在进度计划执行的过程中，应用

PDCA 循环控制原理，不断进行检查，将实际状况与计划进行对比，如发现偏差，分析偏差产生的原因，并采取相应措施，工程项目进度管理流程图见图 5-8。

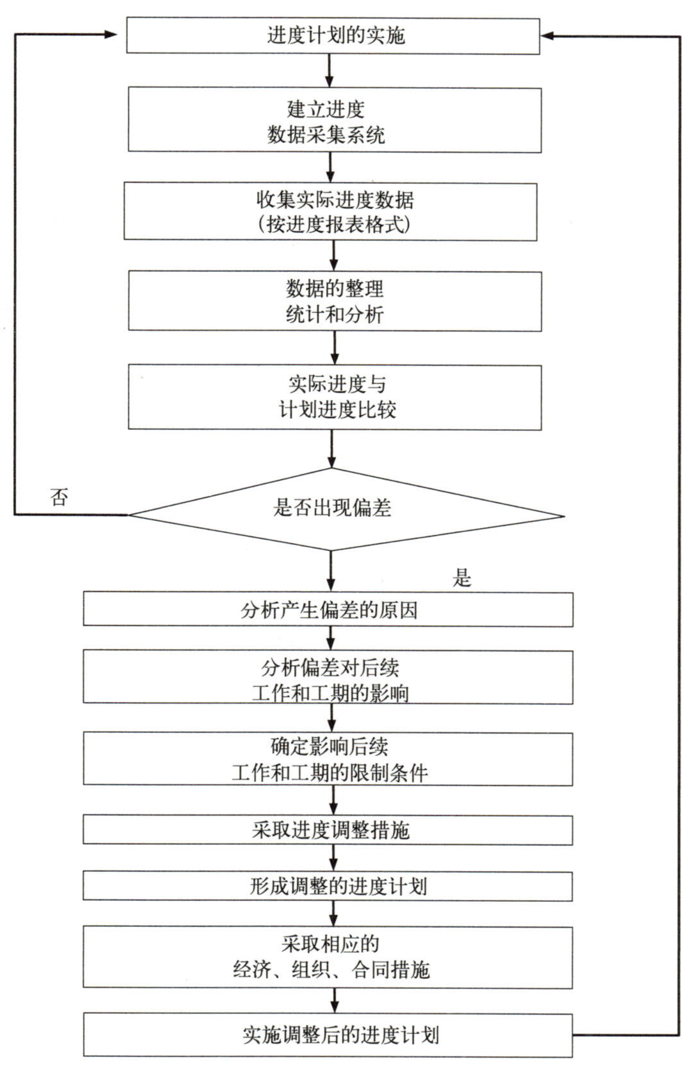

图 5-8　工程项目进度管理流程图

5.4.2 不同项目管理模式下各参与方的进度管理

在项目实施的各个阶段，项目各参与方的工作范围与该项目采用的项目管理模式有关，各参与方的进度管理责任由项目管理的模式确定，表 5-6 至表 5-8 为项目各个阶段不同项目管理模式下各参与方的进度管理责任。

DBB、DB、EPC模式下各参与方的进度管理责任　　表5-6

模式	参与方	策划	设计	招标	施工	融资	运营	拥有
DBB	业主	主责	监督	主责	监督	主责	主责	主责
	设计方		主责	配合	配合			
	施工方				主责			
DB	业主	主责	监督	主责	监督	主责	主责	主责
	DB 总承包方		主责	配合	主责			
EPC	业主	主责	监督	监督	监督	主责	主责	主责
	EPC 总承包方		主责	主责	主责			

PM、PMC模式下各参与方的进度管理责任　　表5-7

模式	参与方	策划	设计	招标	施工	融资	运营	拥有
PM+DBB	业主	主责		主责		主责	主责	主责
	PM 方		监督	监督	监督			
	设计方		主责	配合	配合			
	施工方				主责			
PM+DB	业主	主责		主责		主责	主责	主责
	PM 方		监督	监督	监督			
	DB 总承包方		主责	配合	主责			
PM+EPC	业主	主责				主责	主责	主责
	PM 方		监督	监督	监督			
	EPC 总承包方		主责	主责	主责			

续表

模式	参与方	策划	设计	招标	施工	融资	运营	拥有
PMC+DBB	业主	主责		主责		主责	主责	主责
	PMC 方		监督	监督	监督			
	设计方		主责	配合	配合			
	施工方				主责			
PMC+DB	业主	主责		主责		主责	主责	主责
	PMC 方		监督	监督	监督			
	DB 总承包方		主责	配合	主责			
PMC+EPC	业主	主责				主责	主责	主责
	PMC 方		监督	监督	监督			
	EPC 总承包方		主责	主责	主责			

BOT、PFI、PPP模式下各参与方的进度管理责任　　表5-8

模式	参与方	策划	设计	采购	施工	融资	运营	拥有
BOT	公共	主责	监督					主责
	私营		监督	监督	监督	监督	监督	
	项目公司		主责	主责	主责	主责	主责	
PFI	公共	主责						
	私营		监督	监督	监督	监督	监督	监督
	项目公司		主责	主责	主责	主责	主责	主责
PPP	公共	主责	监督	监督	监督	监督	监督	监督
	私营	主责	监督	监督	监督	监督	监督	监督
	项目公司		主责	主责	主责	主责	主责	主责

5.5 国际工程项目的投资管理

每个工程项目从立项到竣工的建设期间都会出现一些不可预料的变化因素并将对工程项目投资产生影响。如设计变更，设备、材料、人工价格变化，国家利率、汇率调整，因不可抗力出现或因承包方、发包方原因造成的索赔事件出现等，必然要引起工程项目投资的变动。所以，工程项目投资在整个建设期内都是不确定的，需随时进行动态跟踪、调整，直至竣工决算后才能真正确定工程项目投资。工程项目投资的动态控制就是按照既定的投资目标，在投资形成的过程中对一切费用进行严格的计算、调节和监督，揭示偏差，及时纠正，保证投资目标的实现。

5.5.1 工程项目投资管理的流程

工程项目投资的控制是一个不断进行的动态控制，也是一个循环进行的过程，在投资计划执行的过程中，应用 PDCA 循环控制原理，不断进行检查，将实际状况与计划进行对比，如发现偏差，分析偏差产生的原因，并采取相应措施，工程项目投资动态控制的流程如图 5-9 所示。

1. 分析和论证工程项目投资计划的目标值

由于主、客观因素的影响，投资计划的目标值可能难以实现或存在不合理，需要在实施过程中对其进行合理调整或进一步精细化。只有投资控制的目标值是正确的、可行的，才能有效实现项目的目标成本。

2. 做好实际工程资料的收集工作

搜集有关成本已经发生或可能会发生的资料数据，实时对工程进展情况进行评估，若没有实际项目成本数据的搜集工作，就不可能准确把握工程项目成本的实际进展情况，无法确定项目是否存在偏差需要纠正，因此需要及时、准确地搜集实际工程数据。

3. 实际成本和目标成本的比较

判断是否存在偏差，在制定成本目标时就对需要比较的资料体系进行相应的设计，从而保证项目成本比较工作的成效。

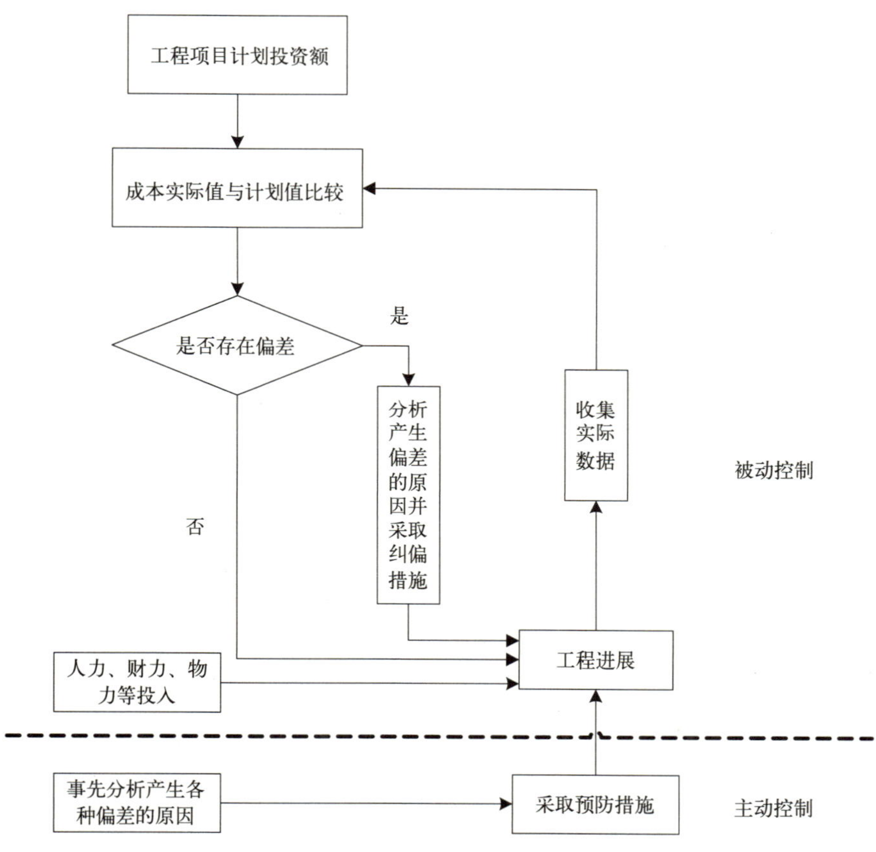

图 5-9　工程项目投资动态控制的流程

4. 分析偏差和采取纠偏措施

若发现实际成本和目标成本之间存在着偏差，应分析原因，制定可行方案，进行评估后，确定造价纠偏的方案，采取措施纠偏，保证成本目标的实现。

5. 进行工程项目投资的后评价

以项目总结的形式对项目投资控制工作的成效进行后评价，并建立完善的造价分析及项目资料的归档建库。

5.5.2 不同项目管理模式下各参与方的投资管理

在项目实施的各个阶段，项目各参与方的工作范围与该项目采用的项目管理模式有关，各参与方的投资 / 成本管理责任由项目管理的模式确定，表 5-9 至表 5-11 为项目各个阶段不同项目管理模式下各参与方的投资 / 成本管理责任。

DBB、DB、EPC模式下各参与方的投资/成本管理责任　　表5-9

模式	参与方	策划	设计	招标	施工	融资	运营	拥有
DBB	业主	主责	监督	主责	监督	主责	主责	主责
	设计方		主责	配合	配合			
	施工方				主责			
DB	业主	主责	监督	主责	监督	主责	主责	主责
	DB 总承包方		主责	配合	主责			
EPC	业主	主责	监督	监督	监督	主责	主责	主责
	EPC 总承包方		主责	主责	主责			

PM、PMC模式下各参与方的投资/成本管理责任　　表5-10

模式	参与方	策划	设计	招标	施工	融资	运营	拥有
PM+DBB	业主	主责		主责		主责	主责	主责
	PM 方		监督	监督	监督			
	设计方		主责	配合	配合			
	施工方				主责			
PM+DB	业主	主责		主责		主责	主责	主责
	PM 方		监督	监督	监督			
	DB 总承包方		主责	配合	主责			
PM+EPC	业主	主责				主责	主责	主责
	PM 方		监督	监督	监督			
	EPC 总承包方		主责	主责	主责			

续表

模式	参与方	策划	设计	招标	施工	融资	运营	拥有
PMC+DBB	业主	主责		主责		主责	主责	主责
	PMC方		监督	监督	监督			
	设计方		主责	配合	配合			
	施工方				主责			
PMC+DB	业主	主责		主责		主责	主责	主责
	PMC方		监督	监督	监督			
	DB总承包方		主责	配合	主责			
PMC+EPC	业主	主责				主责	主责	主责
	PMC方		监督	监督	监督			
	EPC总承包方		主责	主责	主责			

BOT、PFI、PPP模式下各参与方的投资/成本管理责任　表5-11

模式	参与方	策划	设计	招标	施工	融资	运营	拥有
BOT	公共	主责	监督					主责
	私营		监督	监督	监督	监督	监督	
	项目公司		主责	主责	主责	主责	主责	
PFI	公共	主责						
	私营		监督	监督	监督	监督	监督	监督
	项目公司		主责	主责	主责	主责	主责	主责
PPP	公共	主责	监督	监督	监督	监督	监督	监督
	私营	主责	监督	监督	监督	监督	监督	监督
	项目公司		主责	主责	主责	主责	主责	主责

5.6 国际工程项目的风险管理

关于风险的定义有很多种，但最基本的表达是：在给定的情况下和特定的时间内，那些可能发生的结果之间的差异。这种结果可能伴随着某种损失的产生，差异越大风险越大。有些专家对项目风险的定义为：项目风险是所有影响项目目标实现的不确定因素的集合。

5.6.1 国际工程项目的风险因素

1. 项目环境系统风险

项目环境系统风险常见的风险因素为：

（1）政治风险。例如政局的不稳定性，战争状态、动乱、政变的可能性，国家的对外关系，政府信用和政府廉洁程度，政策及政策的稳定性，经济的开放程度或排外性，国有化的可能性、国内的民族矛盾、保护主义倾向等。

（2）法律风险。如法律不健全，有法不依、执法不严，相关法律内容的变化，法律对项目的干预；可能对相关法律未能全面、正确理解，工程中可能有触犯法律的行为等。

（3）经济风险。国家经济政策的变化，产业结构的调整，银根紧缩，项目产品的市场变化；工程承包市场、材料供应市场、劳动力市场的变动，工资的提高，物价上涨，通货膨胀速度加快、原材料进口风险、金融风险，外汇汇率的变化等。

（4）自然条件。如地震、风暴、特殊的难以预测到的地质条件，如泥石流、垃圾场、流沙、河塘、泉眼等，反常的恶劣的雨、雪天气，冰冻天气，恶劣的现场条件，周边存在对项目的干扰源，工程项目的建设可能造成对自然环境的破坏，不良的运输条件可能造成供应的中断。

（5）社会风险。包括宗教信仰的影响和冲击、社会治安的稳定性、社会的禁忌、劳动者的文化素质，社会风气等。

2. 项目技术系统的风险

（1）项目的生产工艺、流程可能有问题，新技术不稳定，对将来生产和运营产生影响。

（2）施工工艺可能出现的问题。

3. 项目范围和系统结构风险

（1）项目范围的不确定，如不完备，整体不协调，有可能需增加新的分项，删除、减少工作量等。

（2）在项目实施以及运行过程中工程活动可能遇到的各种障碍、异常情况，如技术问题，人工、材料、机械、费用消耗的增加。

4. 项目的行为主体产生的风险

项目行为主体的风险是从项目组织角度进行分析的，包括以下几个方面：

（1）业主和投资者产生的风险

包括业主的支付能力差，企业的经营状况恶化，资信不好，企业倒闭，撤走资金，或改变投资方向，改变项目目标；业主违约、苛求、刁难、随便改变主意，错误的行为和指令，非程序地干预工程；业主不能完成他的合同责任，如不及时供应他负责的设备、材料，不及时交付场地，不及时支付工程款等。

（2）承包商（分包商、供应商）产生的风险

包括技术能力和管理能力不足，没有适合的技术专家和项目经理，不能积极地履行合同，由于管理和技术方面的失误，造成工程中断；没有得力的措施来保证进度、安全和质量要求；财务状况恶化，无力采购和支付工资，企业处于破产境地；工作人员罢工、抗议或软抵抗；错误理解业主意图和招标文件，实施方案错误，报价失误，计划失误；设计单位设计错误，工程技术系统之间不协调、设计文件不完备、不能及时交付图纸，或无力完成设计工作等。

（3）项目管理公司产生的风险

包括项目经理的管理能力、组织能力、工作热情和积极性、职业道

德差；

项目经理管理风格、文化偏见，可能会导致不正确地执行合同，在工程中苛刻要求；在工程中起草错误的招标文件、合同条件，下达错误的指令等。

（4）其他相关方产生的风险

包括中介人的资信、可靠性差；政府机关工作人员、城市公共供应部门（如水、电等部门）的干预、苛求和个人需求；项目周边或涉及居民或单位的干预、抗议或苛刻的要求等。

5. 管理过程风险

管理过程的风险包括极其复杂的内容，常常是分析责任的依据，包括以下主要内容：

（1）高层战略风险，如指导方针、战略思想可能有错误而造成项目目标设计错误；

（2）环境调查和预测的风险；

（3）决策风险，如选择错误的方案、错误的投标决策等；

（4）项目策划风险；

（5）技术设计风险；

（6）计划风险；

（7）实施控制中的风险；

（8）运营管理风险。如准备不足，无法正常营运，销售渠道不畅，宣传不力等。

5.6.2 不同项目管理模式下各参与方的风险

对于不同的项目管理模式，项目参与方面临不同的风险，表 5-12 ～表 5-18 分别为 DBB、DB、DM、PM+DBB、PM+DB/EPC、PMC+DBB、

PMC+DB/EPC 模式下业主和承包商的风险。

DBB模式下业主和承包商的风险 表5-12

风险		业主	承包商
政治风险	政治的不稳定性	√	
	政策的变动	√	
	政治不可抗力	√	
	保护主义倾向	√	√
财经风险	通货膨胀	√	√
	利率	√	√
	汇率	√	√
法律风险	法律不健全	√	
	法律变更	√	
建造风险	资金不到位	√	
	项目前期策划失误	√	
	投标报价过低		√
	未做好开工前有关准备工作	√	
	招标文件拟定的不好	√	
	业主管理水平低	√	
	承包商内部管理水平低		√
	设计变更频繁	√	
	技术规范、水文、地质等		√
	业主管理水平低引起工期、投资和质量达不到要求	√	
	承包商自身原因引起工期、投资和质量达不到要求		√
	分包商的风险		√
	供货商的风险		√
	业主支付能力差		√

续表

风险		业主	承包商
建造风险	带资承包风险		✓
	业主方供应设备和材料的风险	✓	
	承包商、供货商的索赔	✓	
	项目失败	✓	
	不可抗力	✓	

DB模式下业主和承包商的风险 **表5-13**

风险		业主	承包商
政治风险	政治的不稳定性	✓	
	政策的变动	✓	
	政治不可抗力	✓	
	保护主义倾向	✓	✓
财经风险	通货膨胀	✓	✓
	利率	✓	✓
	汇率	✓	✓
法律风险	法律不健全	✓	
	法律变更	✓	
建造风险	项目前期策划失误	✓	
	业主不能自如地控制设计	✓	
	投标报价过低		✓
	未做好开工前有关准备工作	✓	
	招标文件拟定的不好	✓	
	功能需求和技术要求不明确	✓	
	报价可能较高	✓	
	总承包商的管理能力差		✓
	设计风险：错误、返工、变更等		✓
	技术规范、水文、地质等		✓
	承包商的设计能力和施工能力不协调		✓

续表

风险		业主	承包商
建造风险	分包商的风险		√
	供货商的风险		√
	业主支付能力差		√
	带资承包风险		√
	业主方供应设备和材料的风险	√	
	项目失败	√	
	不可抗力	√	

DM模式下业主和承包商的风险　　**表5-14**

风险		业主	承包商
政治风险	政治的不稳定性	√	
	政策的变动	√	
	政治不可抗力	√	
	保护主义倾向	√	√
财经风险	通货膨胀	√	√
	利率	√	√
	汇率	√	√
法律风险	法律不健全	√	
	法律变更	√	
建造风险	项目前期策划失误	√	
	业主不能自如地控制设计	√	
	设计 - 管理公司选择不当	√	
	未做好开工前有关准备工作	√	
	招标文件拟定的不好	√	
	业主一般不与施工承包商直接接触，对项目的控制力较差	√	
	实际操作中可能面临来自业主和设计 - 管理公司双重甚至矛盾的指令		√

续表

风险		业主	承包商
建造风险	来自设计 - 管理公司的不符合施工技术条件的设计方案和要求		√
	技术规范、水文、地质等		√
	分包商的风险		√
	供货商的风险		√
	业主支付能力差		√
	带资承包风险		√
	业主方供应设备和材料的风险	√	
	项目失败	√	
	不可抗力	√	

NC 模式下，业主和承包商面临的风险与 DBB 模式基本相同，但需要特别注意在合同更替时的设计责任和风险的重新分配，承包商承担后一阶段的设计风险，包括设计变更以及其他方面的责任。

EPC 模式下，业主和承包商面临的风险与 DB 模式基本相同。

PM+DBB模式下业主和承包商的风险 **表5-15**

风险		业主	承包商
政治风险	政治的不稳定性	√	
	政策的变动	√	
	政治不可抗力	√	
	保护主义倾向	√	√
财经风险	通货膨胀	√	√
	利率	√	√
	汇率	√	√
法律风险	法律不健全	√	
	法律变更	√	

续表

风险		业主	承包商
建造风险	项目前期策划失误	√	
	资金不到位	√	
	未做好开工前准备工作	√	
	招标文件拟定的不好	√	
	PM 方管理水平低	√	
	技术规范、水文、地质等		√
	由于 PM 方管理水平低引起工期、投资和质量达不到要求	√	
	分包商的风险		√
	供货商的风险		√
	业主支付能力差		√
	PM 方无作为或负作为	√	√
	带资承包风险		√
	业主方供应设备和材料的风险	√	
	承包商、供货商的索赔	√	
	项目失败	√	
	不可抗力	√	

PM+DB/EPC模式下业主和承包商的风险　　**表5-16**

风险		业主	承包商
政治风险	政治的不稳定性	√	
	政策的变动	√	
	政治不可抗力	√	
	保护主义倾向	√	√
财经风险	通货膨胀	√	√
	利率	√	√
	汇率	√	√

续表

风险		业主	承包商
法律风险	法律不健全	√	
	法律变更	√	
建造风险	项目前期策划失误	√	
	PM 方管理水平低	√	
	业主不能自如地控制设计	√	
	报价可能较高	√	
	投标报价过低		√
	技术规范、水文、地质等		√
	总承包商内部管理能力差		√
	分包商的风险		√
	供货商的风险		√
	设计错误、返工、变更等风险		√
	承包商的设计能力和施工能力不协调		√
	业主支付能力差		√
	PM 方无作为或负作为	√	√
	带资承包风险		√
	业主方供应设备和材料的风险	√	
	承包商、供货商的索赔	√	
	项目失败	√	
	不可抗力	√	

PMC+DBB模式下业主和承包商的风险 **表5-17**

风险		业主	承包商
政治风险	政治的不稳定性	√	
	政策的变动	√	
	政治不可抗力	√	
	保护主义倾向	√	√

续表

风险		业主	承包商
财经风险	通货膨胀	✓	✓
	利率	✓	✓
	汇率	✓	✓
法律风险	法律不健全	✓	
	法律变更	✓	
建造风险	项目前期策划失误	✓	
	承诺的贷款和资金不到位	✓	
	PMC 管理承包商水平不高或责任心不强	✓	
	对设计要求的控制能力较差	✓	
	承包商水平不高，无法保证质量和工期	✓	
	技术规范、水文、地质等		✓
	分包商的风险		✓
	供货商的风险		✓
	业主支付能力差		✓
	带资承包风险		✓
	业主方供应设备和材料的风险	✓	
	承包商、供货商的索赔	✓	
	项目失败	✓	
	不可抗力	✓	

PMC+DB/EPC模式下业主和承包商的风险　　**表5-18**

风险		业主	承包商
政治风险	政治的不稳定性	✓	
	政策的变动	✓	
	政治不可抗力	✓	
	保护主义倾向	✓	✓

续表

风险		业主	承包商
财经风险	通货膨胀	√	√
	利率	√	√
	汇率	√	√
法律风险	法律不健全	√	
	法律变更	√	
建造风险	项目前期策划失误	√	
	PMC 管理承包商水平不高或责任心不强	√	
	承诺的贷款和资金不到位	√	
	对设计要求的控制能力较差	√	
	报价可能较高	√	
	投标报价过低		√
	技术规范、水文、地质等		√
	总承包商内部管理能力差		√
	分包商的风险		√
	供货商的风险		√
	设计错误、返工、变更等风险		
	承包商的设计能力和施工能力不协调		
	业主支付能力差		√
	带资承包风险		√
	业主方供应设备和材料的风险	√	
	承包商、供货商的索赔	√	
	项目失败	√	
	不可抗力	√	

对于 BOT、PFI 和 PPP 这三种项目管理模式，本质上都是狭义项目融资，而 PPP 概念更为广泛，反映更为广泛的公私合营长期关系，BOT 和 PFI 两种项目融资模式没有本质的区别，都属于更为广泛的 PPP

模式的表现形式。这三种模式的风险管理更侧重于公共部门和私营部门合理的风险分担，通常情况下，这三种模式的双方风险如表 5-19 所示。

BOT、PFI、PPP模式公私双方风险比较　　表5-19

模式	机构	融资责任	风险
BOT	公共部门	小	小
	私营部门	大	大
PPP	公共部门	共同	共同
	私营部门	共同	共同
PFI	公共部门	最小	最小
	私营部门	最大	最大

对于这三种融资模式，一般由项目公司主要承担项目的融资、建设、采购、经营和维护的风险，而项目公司会把有关的风险再转移给承包商、供应商、运营商、银行、保险公司等，当地政府主要承担法律变更和外汇的风险，双方共同分担不可抗力风险。广泛的 PPP 模式，风险分担的一般结果如表 5-20 所示。

PPP模式风险分担的一般结果　　表5-20

风险		政府	私营部门	项目公司	承包或供应商	银行财团	保险公司	担保公司
政治风险	国有化、取消、扣押、没收	√						
	项目唯一性	√		√				
	法律变更（一般、通用）			√				
	法律变更（特定、专门）	√						
	项目审批延误	√		√				
	政府的无作为或负面作为	√		√				
	现有设施状况及相关规定	√		√				

续表

风险		政府	私营部门	项目公司	承包或供应商	银行财团	保险公司	担保公司
政治风险	税率提高（一般、通用）			√				
	税率提高（特定、专门）	√						
	政治不可抗力	√						
	政府中止特许合同	√		√				
	政府不支持付费			√				
建造风险	土地拆迁与补偿	△		△				
	成本超支	△		△	√	√		√
	融资成本增加	△		△		√		
	工期和质量风险	△		√	√			√
	承包商违约	△		√	√			√
	项目公司违约	√			√			
	环境破坏（持续的）	√					√	
	环境破坏（现行的）			√				
	施工不可抗力						√	√
	考古和历史文物的保护	√						
	设备或材料进口限制	△		△				
运营风险	政府部门违约	√						
	项目公司违约		√					
	环境破坏（持续的）	√		√			√	
	运营不可抗力	√		√			√	
	劳资争端	√		√				
	技术风险			√	√			
	运营商能力欠缺				√			√
	设备维护状况或停机时间				√			
市场和收益风险	收费或收益不足		△	√		△		
	其他收入不足		△	√		△		
	市场需求变化		△	√		△		

续表

风险		政府	私营部门	项目公司	承包或供应商	银行财团	保险公司	担保公司
财经风险	通货膨胀	△	△	√		√		
	利率	△	△	√		√		
	外汇兑换率或可兑换性	√	△	△		△		
法律风险	设施出租权或名义权	√		√				
	设施所有权			√				
	担保、合同结构					√		
	项目公司破产		√			√		
	违反融资合同		√			√		
	担保或抵押权实施或生效					√		
	合同争端、仲裁、适用法律	△	△	△		△		

注：√表示主要承担，△表示部分承担（视项目实际情况而定），空白表示少承担或不承担。

5.6.3　国际工程项目的风险管理的措施

风险管理的目的是避免或减少风险损失。风险管理是通过对风险的识别、估计、分析，并在此基础上应用各种风险管理方法，对风险实施有效的控制，妥善处理风险所导致损失的后果，期望达到以最小的经济成本获得最大安全保障的目标。

1. 项目风险管理的环节

项目风险管理是对项目风险进行识别、分析和应对的系统的过程。通常包括以下几个环节：

（1）风险管理计划编制。它是项目计划的一部分，决定如何安排项目的风险管理活动。

（2）风险识别。确定可能影响项目风险的种类，即可能有哪些风险发生，并将这些风险的特性整理成文档。

(3) 风险分析。对项目风险发生的条件、概率及风险事件和对项目的干扰进行分析，并评估他们对项目目标的影响，按它们对项目目标的影响顺序排列。

(4) 制定风险对策措施，编制风险应对计划，制定一些程序和技术手段，用来提高实现项目目标的概率和减少风险的威胁。

(5) 在实施中的风险控制。在项目的整个生命期进行各阶段的风险预警；在风险发生情况下，实施降低风险计划，保证各对策措施的应用和有效性；监控残余风险；识别新的风险，更新风险计划，以及评价这些工作的有效性等。

2. 项目风险应对的措施

对分析出来的风险可以接受，或想办法消除、减小或转移。合同双方对自己承担的风险（明确规定的和隐含的）应有准备和对策，应有计划，应充分利用自己的技术、管理、组织的优势和过去经验。当然不同的人对风险有不同的态度，有不同的对策。通常的风险对策有：

(1) 回避风险大的项目，选择风险小或适中的项目。这在项目决策时要注意，要放弃那些明显亏损的项目。对于风险超过自己的承受能力，成功把握不大的项目，不参与投标，不参与合资。甚至有时在工程进行到一半时，预测到后期风险很大，必然有更大的亏损，而不得不采取中断项目的措施。

(2) 技术措施。如选择有弹性的，抗风险能力强的技术方案，一般不采用新的未经过工程检验的不成熟的施工方案；对地理、地质情况进行详细勘察或鉴定，预先进行技术试验、模拟，准备多套备选方案，采用各种保护措施和安全保障措施。

(3) 组织措施。对风险很大的项目加强计划工作，选派最得力的技术和管理人员，特别是项目经理；将风险责任落实到各个组织单元，使大家有风险意识；在资金、材料、设备、人力上对风险大的工程给予以保证，在同期进行的项目中提高优先级别，在实施过程中严密地控制。

（4）保险。对一些无法排除的风险，例如，常见的工程损坏、第三方责任、人身伤亡、机械设备的损坏等可以通过购买保险的办法解决。当风险发生时由保险公司承担（赔偿）损失或部分损失。其前提条件是必须支付一笔保险金，对任何一种保险要注意它的保险范围、赔偿条件、理赔程序、赔偿额度等。

（5）要求对方提供担保。这主要针对合作伙伴的资信风险。例如，由银行出具投标保函，预付款保函，履约保函，在 BOT 项目中由政府出具保证。

（6）风险准备金。风险准备金是从财务的角度为风险做准备。在计划（或合同报价）中额外增加一笔费用。例如在投标报价中，承包商经常根据工程技术、业主的资信、自然环境、合同等方面的风险大小以及发生可能性（概率）在报价中加上一笔不可预见的风险费。

（7）采取合作方式共同承担风险。任何项目不可能完全由一个企业或部门独立承担，须与其他企业或部门合作。

（8）采取其他方式，例如在现代工程项目中采用多领域、多地域、多项目的投资以分散风险。因为理论和实践都证明对于多项目投资而言，当多个项目的风险之间不相关时，其总风险最小，所以抗风险能力最强。这是目前许多国际投资公司的经营手段，通过参股、合资、合作，既扩大了投资面，扩大了经营范围，扩大了资本的效用，能够进行独自不能承担的项目，同时又能与许多企业共同承担风险，进而降低了总经营风险。

上述风险的预测和对策措施应包括在项目计划中，对特别重大的风险应提出专门的分析报告。对做出的风险对策措施，应考虑是否可能产生新的风险，因为任何措施都可能带来新的问题。

3. 工程实施中的风险控制

工程实施中的风险控制主要贯穿在项目的进度控制、成本控制、质量控制、合同控制等过程中。

(1) 风险监控和预警，风险监控和预警是项目控制的内容之一。在工程中不断地收集和分析各种信息，捕捉风险前奏的信号，例如通过天气预测警报、各种市场行情、价格动态、政治形势和外交动态、各投资者企业状况报告等，在工程中通过工期和进度的跟踪、成本的跟踪分析、合同监督、各种质量监控报告、现场情况报告等手段，了解工程风险。在工程的实施状况报告中应包括风险状况报告，鼓励人们预测和确定未来的风险。

(2) 风险一经发生就应积极地采取措施，及时控制风险的影响，降低损失，防止风险的蔓延。

(3) 在风险发生时，执行应对风险的计划，保证工程的顺利实施，包括：控制工程施工，保证完成预定目标；防止工程中断和成本超支，迅速恢复生产，按原计划执行；尽可能修改计划、修改设计，按照工程中出现的新状态进行调整；争取获得风险的赔偿，例如向业主、向保险单位、风险责任者提出索赔等。

由于风险是不确定的，预先分析、应对计划时常也是不适用的，所以在工程中风险的应对措施常常还主要靠即兴发挥，靠管理者的应变能力、经验、掌握工程和环境状况的信息量和对专业问题的理解程度。

附录 1

附 1.1 日本建筑市场

日本的建筑业以可靠的质量和及时的竣工著称于世。这种声誉来自于几十年来不断努力发展简单化、标准化和系统化的批量生产而得来。由于其东方背景，日本的建筑业的运行与西方的建筑业有较大不同。日本建筑业的成功是以“长期关系”为基础的。业主、总承包商、供应商、专业分包商及下级分包商在公司家族里保持几十年如一日的合作关系。这种长期关系是建立在相互信任、近似兄弟的关系基础上的。总承包商为其分包商的状况负责。总承包商制定严格的技术标准并帮助分包商加以实现。总承包商为分包商的工作支付公平的费用并保证其分包商能够盈利，并有发展的机会。另一方面，分包商也努力工作，按规定的时间和质量完成工程。效率不是来自于公司家族内部的竞争，而是来自于研究如何合作才能有更高的生产率。通过年复一年的改进，在日本逐渐形成了一套结构严整、共同繁荣的建筑生产体系。

日本建筑业中重要的成员是大型建设公司。由于政府的支持等因素，日本的大型建设公司在建筑业中的市场份额常年保持稳定。最为著名的是六大建设公司：鹿岛、熊谷组、大林组、清水、大成、竹中，六大建设公司的管理方法是日本工程项目管理方式的代表。六大建设公司的规模都很庞大，通常拥有超过 1000 名工程师，并能提供包括进行土地购买、融资、概念设计、详图设计、制造与施工过程的管理，以及维护并修理他们建造的工程等一系列的服务。这些建设公司认为，最重要的投资是人才。他们雇佣大学毕业生，且按公司的方法培训他们，并提供终身雇佣，承担雇员的家庭医疗、养老保险及总体福利的责任，支付高工资及与利润相联系的奖金，但同时要求员工对公司负责并绝对忠诚。

这些大型建设公司非常重视项目的详细设计和施工管理。承担项目建设的首要条件就是能够负责详图设计，并能够对项目建设从概念设计到竣工的全过程进行管理。这些公司正是通过对详图设计和施工过程的统一管理来获得高效率的工作模式。在日本，大部分的概念设计是由受建设公司雇佣的建筑师完成。业主也可以雇用设计咨询机构完成概念设计，并在移交给建设公司之前完成详图设计。但通常的做法都是将概念设计与施工一同交给建设公司完成。日本工程建设高效率的基础产生于详图设计和施工规划阶段。在制造与施工开始之前，设计的每一个细节都已经完成。建设公司设计的详图采用其分包商熟悉的材料与方法，大量使用标准化的详图和规范，许多建筑中的做法都是统一的，对应标准化做法有相当成熟的施工技术，因此在详图设计阶段就保证了施工过程中不会发生困难。除了秩序井然的详图设计之外，施工方法在制造和施工开始之前也已确定。通过使用网络计划、横道图等手段使施工计划非常周密详细。

由于确信制造商及承包商会严肃对待他们的计划，日本的详图设计者和施工计划制定者努力全面地考虑到工程的各个方面。标准化的详图设计和统一的技术规范使详图设计阶段的工作重点集中于寻找最有效的整体生产方法之中。仔细考虑每一项工作，以确保分包商有能力完成。详图设计和施工计划由公司总部或地区办事处的专家负责，随后负责具体施工过程的项目经理将参与到这一阶段的工作中，以便在工程开工之前就能深入地了解他将要管理的活动。项目经理有机会考虑到每一项施工活动，并对其进行简化以确保分包商不会面临意料之外的新挑战或未纳入计划的工作。此时的项目经理似乎更类似于我国目前常见的项目经理，在此过程承包商主要负责内部现场施工的管理者。在日本的建筑业中，详图设计与施工计划的整体性以及逐渐标准化实用化的技术使整个建筑生产系统日益表现出惊人的高效率。

附 1.2 新加坡建筑市场

新加坡的建设业中的项目管理方式及管理法规受英国管理惯例和法律法规的影响较大。

新加坡建筑市场由建设业发展局（Construction Industry Development Board, CIDB）进行管理，市场管理透明度高，政府部门工作高效廉洁。新加坡住房发展局（Housing and Development Board, HDB）是新加坡最大的国有地产商，负责全国住房的建设和管理。

新加坡主要的基础设施建设已经基本完成，因此，新加坡政府发包的土木工程项目也逐渐减少。在未来几年内，新加坡政府将通过公司合作伙伴关系（PPP）的形式将公共工程交由私人实施。设计—建造（DB）和交钥匙承包模式将成为普遍的工程承包模式。

1. 建设项目的管理

新加坡的建设项目管理主要是依据新加坡建筑控制法（Building Control Act）。由部长任命一名建筑管制专员作为建筑控制法的执行者，并在政府公报上进行公告。由拟建或在建建筑项目的业主，委托一名由建筑管制专员批准注册的特许审核员对设计图纸和计划进行审核。业主委托一名取得注册资质的人员连同由该人员任命的现场监理员一同对建筑项目的施工过程进行监理。

2. 建筑项目实施中涉及的主要人员

（1）特许审核员

特许审核员的注册过程要求非常严格。首先由特许审核员向建筑管制专员提出申请，并附上相关文件和细节。建筑管制专员不仅要审查其资质和实践经验，还要考察其人品和声誉，有时还要任命一个委员会来协助他共同审查。所有审查通过后，建筑管制专员将颁发给特许审核员认可证书。

特许审核员的职责主要包括：

1）按相关法规，审查由业主以及取得注册资质的人员向建筑管制专员提交的详细结构图纸和设计计算；

2）为通过审查的图纸和计划颁发证书，以证明图纸和计划中所包含的施工工序等内容符合相关规定并且无缺陷存在。

（2）取得注册资质的人员

取得注册资质的人员是指注册为建筑师或专业工程师的人员（如注册结构工程师、注册造价工程师等）。业主任命注册建筑师或者注册专业工程师负责整个项目的监督管理。业主在申请建设工程计划审批之前，应任命一个取得注册资质的人员，由其编制建设工程实施计划并报请审批。同时注册资质的人员的任命也是申领项目开工许可的一个必要条件。

（3）现场监理员

现场监理员由取得注册资质的人员任命。对建筑工程的结构部分必须委托全职现场监理员监督施工。在新加坡的住宅建设项目中，现场监理员被称为驻地工程师或质量管理员（协助驻地工程师工作），全职在现场工作。现场监理员必须要有相应的工程实践经验以及资格证书。相对于取得注册资质的人员而言，现场监理员对项目的参与程度更高。

(4) 建筑商

建筑商的职责主要包括：

1) 保证按照取得注册资质的人员向其提供的计划以及相关建筑条例实施建筑工程；

2) 对于施工过程中违反建筑控制法或者与本工程相关的建筑条例的任何情况，应及时通知建筑管制专员；

3) 在施工现场保管取得注册资质人员所提供的全部计划和图纸；

4) 在建筑工程完工之前 7 天内，向建筑管制专员提交证明，说明工程是按照建筑控制法和相关建筑条例所实施的等。

3. 政府采购政策及程序

新加坡政府采购奉行透明原则，物有所值，公开公平竞争。招标工作包括选择合同类型、确定招标方式以及开标、评标和授予合同等环节。招标方式分为公开招标，选择性招标和限制性招标三种。根据工程投资额大于或小于 50 万元新币，开标委员会分为 A、B 两个级别，大于 1 亿新币的项目由部长担任评标委员会主席。

附 1.3 泰国建筑市场

1. 泰国承包工程市场情况

泰国承包工程市场相对较为成熟。全国已经形成了高度发达、配套齐全的机械设备材料供应、租赁、配料、加工、劳动力等要素市场的网络，资源配置充分，报价具有较强的竞争性。目前泰国的石油冶炼加工、冶金、钢铁、电力、汽车加工装配、水泥、水利设施、公路、轻轨、地铁、码头、体育场馆、商场、加油站等一系列关系国计民生的大项目处于兴建阶段。近年来，泰国政府将陆续推出房建、铁路、公路桥梁等项目，承包工程的市场潜力正在强劲复苏之中。

2. 泰国承包工程市场的特点

尽管泰国是东南亚地区市场经济体制较为完善的发展中国家之一，但是其承包工程市场仍有条件实行开放。泰方对外国承包商输入经营管理类人员也有严格限制，一般规定每输入一名外国人员需雇用四至五名当地劳工。输入一般的工种劳务严格受限。工程项目质量、安全、进口材料等方面基本采用国际标准。

泰国建筑项目主要分为两大类：一类是公共项目，主要由政府出资；一类是私人项目，由私人业主出资。从近几年泰国工程项目发包额上看，政府项目占主导地位。经济形势持续保持稳定发展，私人项目呈上升趋势。未来几年，泰国政府将陆续推出一些大型基础设施建设和公用事业建设项目。可以说，泰国工程承包市场具有较大的市场潜力。

目前，有近 30 家具有对外经营权的中国企业在泰国开展业务。我国工程企业经过多年来的奋力开拓和努力经营在泰国工程承包业务取得长足发展，泰国已发展成为我国重要的海外承包工程市场之一。中国企业在泰国签订工程承包主要涉及房建、水利、道路、桥梁、港口、冶金、铁路、电信等领域。

附 1.4 马来西亚建筑市场

马来西亚的基础设施比较完善，政府向来重视对高速公路、港口、机场、通信网络和电力等基础设施的投资和建设。马来西亚现有的基础设施能较好地为各类投资者服务，同时政府未来的基础建设计划也为外国投资基础设施建设和开展工程承包提供了契机。

马来西亚主管基础设施建设的部门主要有：①公共工程部（Ministry of Works），主要负责马来西亚联邦公路网的规划，以及有关基础设施项目执行的监督和协调。②交通部（Ministry of Transport），主要负责铁路、海运及航空有关政策制定，以及相关项目的实施管理。

自 20 世纪 80 年代开始，马来西亚政府鼓励私人资本与政府合作，开展 BOT 项目建设与运营，降低政府公共开支的负担。此类项目主管部门是马来西亚首相府经济计划署（Economy Planning Unit）负责，主要对经济发展规划和项目立项；2010 年又设立了公私合作署（Public Private Partnership Unit）负责公司合营项目协调。

马来西亚建筑市场以英标为主，部分项目也参考马来西亚标准，但马来西亚标准也是由英标转化而来。若由外国公司负责设计工作，则需要马来西亚当地设计事务所转化，即使是使用英标设计也需要当地设计公司盖章确认。

马来西亚建筑市场主要风险有：

（1）材料及其涨价风险：在马来西亚境外采购的原材料入境要额外交纳 30% 的进口税，若为半成品则不需要交纳，但是海关认定标准不统一。另外部分稀缺材料为卖方市场，购买材料时要预先交纳预付款（甚至可以达到 50%）或开具保函，且近期马来西亚地区房地产处于高速发展阶段，但当地材料供应有限，只有几家固定的供货商。因此存在供货商恶意提高价格的情况，但实际没有相应充足的材料供应。

（2）劳动力资源风险：由于近期马来西亚地区房地产处于高速发展阶段，且目前马来西亚对外籍劳务人员的工作签证的办理限制比较严格。导致马来西亚当地劳动力紧缺，一般大型劳务公司的劳务人员的报价较高，小型劳务公司价格适中，但是很难满足需求，并且马来西亚当地的劳动力资源有限，比较难管理，且根据其宗教习俗经常要求假期。同时马来西亚的外劳人员的工作效率比较低，仅为亚洲其他国家工人的1/3 ~ 1/4。

（3）政府腐败风险：政府对项目实施分阶段监管，在监管过程中存在腐败现象。

（4）政府项目预付款限额风险：马来西亚政府项目的预付款通常为15% ~ 20%，但最多不超过1000万马币。所以要求外国承包商承包项目时要自己携带资金。

（5）政府项目总包恶意拖欠分包进度款：马来西亚的政府项目往往存在马来西亚土著公司（总包商）恶意拖欠分包商进度款的问题。

（6）政府项目资金不到位：许多政府批准的项目，并没有纳入国家财政部的预算之内，故财政部无法为该项目提供财政资金。

（7）雨季风险：马来西亚因位于赤道附近，属于热带雨林气候和热带季风气候，使得该国雨量充沛，3 ~ 6月及10月至次年2月为雨季，降雨量大而且时间很短，对于大面积的地基和基础工程施工具有严重的影响。

（8）斋月风险：马来西亚是一个伊斯兰国家，每年在伊斯兰教历的第9月是斋月，穆斯林信奉者不从事建筑工作。

（9）马来西亚当地公共假日较多的风险：因考虑到马来西亚全国性的公共假日、各州的公共假日，全年累计约23天。

（10）银行保函风险：马来西亚当地保函一半要求见索即付，业主和总包有可能恶意将承包商提供的保函向银行变现。

（11）合同风险：政府项目的合同条款不可更改，并且总包和分包以背靠背的形式签署合同，私人项目的合同条款则可以商议。

（12）正版软件的要求：政府要求公司必须使用正版软件，若被查出有盗版软件，并给予极高的罚款。

附 1.5 安哥拉建筑市场

安哥拉政府鼓励外国投资者参加当地基础设施建设，尤其是电力方面的基础设施投资，如水坝、电站以及输电网络等。

目前在安哥拉经营的中资企业有 200 余家，主要集中在建筑、商贸、地产和制造业等领域，其中，中石化与英国 BP 等石油公司合作，共同开发安哥拉第 18 区块等油气资源。

由于经历了多年的战争，安哥拉原有的许多水电站大都已经瘫痪，政府却无力修复，加之该国电力十分缺乏而水资源丰富，政府无力投资新建项目，于是探索采取 BOT 方式用于电站项目建设。但是这种融资项目的投资规模较大，资金回收期较长，而且政府的电费回收率很低，投资风险比较大。2011 年，安哥拉议会批准通过 PPP 法案，支持和鼓励 PPP 项目开展。目前，中资企业在安哥拉尚未实施特许经营权项目。

安哥拉所有基础设施都是对外国承包商开放的，包括铁路、公路、港口、机场、房建、农业、水利、电力、市政、供水等。目前，安哥拉正在实施的各个基础设施领域都有中国企业参与。但是根据惯例，涉及国家安全的领域（比如国防设施）是严禁外国承包商参与的。

安哥拉尚未制定完善的工程建设规范，建设过程借鉴了国际通用的招投标模式，通常也包括规划、科研、设计、招标、施工、验收、移交等步骤，建设过程中也聘请咨询单位，但相对而言不是很规范。工程验收通常由业主（包括政府主管部门和工程实际使用单位）、咨询和承包商联合进行，工程合同是验收的主要依据。

附 1.6 沙特阿拉伯建筑市场

沙特是世界上最大的石油出口国，近年来经济发展很快，备受瞩目。中沙两国政府基础设施建设领域合作协议的助力下，沙特已经成为当前中国最具增长潜力的海外工程承包市场之一。

在政策层面上，沙特政府鼓励私人业主参与铁路、机场、电力、供水、码头等基础设施建设，并注重吸引越来越多的私有资本，以弥补政府资金不足。为促进经济私有化，将政府企业转交私人业主进行经营和管理的方式受到重视，BOT 是其中的一种典型方式。然而，近年来沙特政府大兴基础设施建设时期，石油价格高企，沙特财政坐拥巨额盈余，政府资金充沛，BOT 方式在沙特的运用并不普遍，中国企业在沙特采用 BOT 方式承揽的工程项目寥寥无几。自 2014 年下半年以来，国际油价大幅下挫，沙特财政吃紧，并出现赤字，一些原定的政府投资项目被迫推迟，带资承包项目的方式将体现出原本应有的优势，BOT 方式也将被更广泛的采用。

沙特承包市场的特点：

（1）受到严密保护的市场。

沙特承包工程市场的政府投资占绝对比重。初次进入沙特市场且没有在当地获得注册经营地位和承包商资格的外资承包企业必须通过和有资格的当地承包商建立联合体、建立合资企业、转包或分包以及委托当地承包商代理等间接的方式参与承包工程竞争。

（2）英美标准和技术规范占据主导。

沙特承包市场是英美标准和技术规范占垄断地位的市场，并有明显的追求高端化的价值取向。因此，进入沙特市场的中资企业必须在工程经验和资源配置等方面对英美标准和技术规范的适用性有充分的准备。

（3）相对优惠的资金支付条件。

沙特承包市场是现汇支付为主的市场。由于沙特承包市场主要由政府投资且资金充裕，因此，除少数私人投资项目可能涉及承包商带资或融资外，当地承包工程项目主要由业主使用现汇支付，预付款条件相对优惠，合同进度款支付基本有保证。

（4）业主的强势合同地位使沙特承包市场是买方强势的市场。在资金保证的基础上，业主在合同谈判中始终处于强势地位，这突出地表现在业主对于设备材料选用和指定分包有很强的控制力；业主在采用 FIDIC 国际通行合同范本的同时，往往会通过特殊条款弱化对业主履约责任的限制，以及在合同执行过程中的配合及赔偿义务，使承包商从一开始即处于合同的不利地位。

（5）激烈的市场竞争。

沙特承包市场是一个充分竞争的市场，特别是在中、低端承包工程方面，中资承包企业面临本土和其他国际承包商的激烈竞争。相对于主要竞争者，中资承包企业在施工技术、劳动力、机械装备、人才储备以及精细化管理等各方面都没有明显优势，利润空间普遍受到严重挤压。

（6）国际化的项目监管体制。

沙特承包市场是引入西方式项目监管体制的市场。沙特承包工程普遍采取设计咨询、国际竞争招标、专业认证等一系列国际规范化的项目监管体制，大量西方和周边阿拉伯国家的咨询机构在沙特市场为业主提供全方位和国际化的服务，因此，中资承包企业进入沙特市场必须懂得按国际工程承包的通行规则办事，妥善处理好与各种设计咨询中介机构的关系。

（7）中国的设备材料未被广泛接受。

沙特承包市场仍然是西方技术和设备材料的市场。沙特业主往往将采用西方技术和设备材料作为保证工程质量和档次的主要依据，因此，沙特业主经常在项目招标或后续合同谈判阶段明确指定承包商采购西方设备和材料，中国生产的设备材料以及合资生产的设备材料仍然未被广泛接受，除非事先有约定以外，沙特业主一般不会接受在签约后改用中国国产设备材料或合资设备材料的建议。

(8) 宽松的外籍劳工政策下严格的“沙特化”管理。

沙特承包市场一方面允许大规模引进外籍劳工，另一方面又执行严格的“沙特化”政策。根据当地法律和行业政策，政府投资项目必须在使用外籍劳工总数的基础上保证雇用5%的沙籍员工，私营投资项目必须保证雇用10%的沙籍员工，部分特殊行业项目（如石油物探）必须保证雇用40%及以上的沙籍员工。因此，对于习惯于大量使用本国劳务人员的中资承包企业而言，引入中方劳务人员越多，“沙特化”压力越大，而且沙特政府在审批外籍劳工签证指标过程中将落实“沙特化”政策作为一项强制性指标，通过地方劳动局、投资总局、社会保险局、内政部、劳动部等多个控制环节严格进行交叉检查，任何疏漏都会导致劳工签证审批受阻。

附1.7 塔吉克斯坦建筑市场

塔吉克斯坦是全球第一个与中国签订《共同推进“丝绸之路经济带”建设谅解备忘录》的国家，塔吉克斯坦政府和企业均对中国表现出强烈的合作愿望和诉求。

目前，塔吉克斯坦大中城市在住房、公共设施、食品加工、轻工业生产厂房建筑方面和危旧房、城市住宅开发方面需求量很大。外国承包商在塔境内承包工程的范围很广，包括居民住宅开发、修路、修桥、承包商业、服务业、医疗部门的房舍建设以及食品加工、轻工业等生产领域的厂房和城市公共设施的建设改造等。

塔吉克斯坦政府一直重视利用公共私营合作制（PPP）来发展基础设施建设。2012 年末，塔吉克斯坦政府颁布了《公共私营合作法》。2014 年 6 月，向政府提交了可用 PPP 模式实施的一些基础设施项目，其中包括捷拉夫尚河水电站建设、图尔松扎德国际运输交通物流中心建设、塔吉克斯坦饮用水设施建设、塔吉克斯坦国家电力控股公司管理等项目，但中资企业目前尚没有涉足此类项目的建设。

（1）塔吉克斯坦投资吸引力体现在以下几个方面：

1）政治局势相对稳定，经济社会领域各项建设逐步展开，民众富裕程度不断提高，消费市场日渐繁荣。为中方拓展对塔吉克斯坦经济合作空间创造了有利条件。

2）塔吉克斯坦实行对外开放的经济政策，有利于中国公司参与其经济建设。近年来，中塔两国贸易增长迅速，中国工程建设企业已成为当地工程承包市场的重要力量，中国对塔吉克斯坦投资领域获得重大进展。

3）塔吉克斯坦资源开发前景乐观。塔吉克斯坦矿产资源丰富，目前已知矿产 50 多种，已探明待开发的矿床 600 多个。

（2）塔吉克斯坦投资也存在许多不利因素：

1）塔吉克斯坦交通、电力基础设施落后，与邻国关系不睦，企业货物运输常因自然及人为原因受阻，工程承包及投资项目的设备、原材料及产品成本较高，运输周期较长。

2）塔吉克斯坦政府部门执法过程中随意性较大，造成运营成本增加的同时，加大了在塔中资企业，尤其是中小型企业的经营风险。

3）融资难度和成本较大。塔吉克斯坦政府因财力限制，及近年举债过多，使政府主导的大型基础设施建设项目的开工受到限制，而塔吉克斯坦银行系统薄弱，获取信贷成本在本地区首屈一指。

(3) 承包工程管理现状：

目前，塔吉克斯坦政府对承包工程的管理基本处于无序状态，相关规定很不明确。实际操作中，各类贷款做法不尽相同 .

1) 世行贷款项目由项目管理中心负责，每一笔贷款都由专门组织和专有人员负责具体实施；

2)亚行则就不同的贷款方案与塔政府相关部委合作,共同进行操作；

3) 阿迦汗基金援塔项目则完全由其代表处独立操作，基本上不与塔政府有过多的牵扯。

(4) 项目招标程序：

塔境内承包工程的公开招标程序比较简单：招标信息刊于实业家报或实业与政治报；投标者只需通过递交申请、购买标书、在规定期限内投标，并提交不低于标价 2% 的银行保函等主要程序即可；开标时允许各投标者代表参加，但要事先申请；申请审查在实际中采用的是资格后审办法，而且不要求投标者具备塔法人资格；但一般会有两项基本条件：一是投标方应具备相应的资质和实力，包括资金、人才、技术、施工设备，以及一定水平的年营业额。二是投标方应有业绩作支撑，具备承包同类工程的丰富经验,并应列出最近 3 ～ 5 年内所完成的同类项目业绩。

附 1.8 印度建筑市场

由于印度公共财政能力有限，基础设施薄弱。PPP/BOT 模式在解决投资短缺、降低项目风险、克服腐败和征地困难等方面优势明显，未来将在印度基础设施建设中发挥关键作用。目前有总投资高达 700 亿美元的 758 个 PPP 模式项目正在执行或即将完工。

印度有相对健全的法律体系和较为完善的市场经济体制，招标相对规范。印度的建筑市场向外国企业开放，外国公司可以直接或者与当地公司组成联合体投标。投标时，需要具备业主要求的工程承包资质。中标后要按规定成立项目公司才能实施项目。

印度至今尚未对中国企业开放承揽港口疏浚和船坞工程以及靠近边境、军事控制区等敏感区域内的工程。中国企业参与其境内的石油和天然气管道工程也需先经内政部批准。

除了国际组织贷款项目必须公开招标外，没有强制招标要求，不公开招标的项目也不需要陈述理由，尤其是企业自筹资金的私营项目。在具体实践中，为了扶持印度本地制造业，政府项目大部分采用议标方式。

附 1.9　阿联酋建筑市场

阿拉伯联合酋长国是由阿布扎比、迪拜、沙迦、阿治曼、乌姆盖万、哈伊马角和富查伊拉 7 个酋长国组成的联邦国家。曾为英属殖民地，信奉伊斯兰教。

阿联酋自然资源丰富，政局长期稳定，地理位置优越，基础设施发达，社会治安良好，商业环境宽松，经济开放度高，是海湾和中东地区最具投资吸引力的国家之一。阿联酋的石油和天然气资源丰富，均居世界第 7 位。

阿联酋联邦层面无专门针对 BOT、PPP 的法律法规，部分酋长国政府出台了关于政府性工程和项目采购的相关法律法规，例如，迪拜政府授权迪拜水电局和迪拜道路与交通管理局可与企业开展 PPP 等形式的项目合作。BOT 特许经营年限并无一般限制，由各个项目来确定。

外国承包商在阿联酋承接工程时必须在阿联酋设立机构，对此，每个酋长国规定了不同的要求。

附 1.10 澳大利亚建筑市场

澳大利亚外国投资的审批机构为国库部，外国投资者必须向国库部外资审查委员会，并提出书面的投资申请。在澳大利亚投资能源矿产、房地产、金融、保险、航空、媒体、电信、机场等敏感行业的外资项目需要进行申报和审批，澳大利亚政府对投入到这些敏感行业的外资项目设定了限制措施。

澳大利亚政府委员会于 2008 年底颁布了《国家公共私营合作制政策和指南》，在全国推广执行。目前在澳大利亚开展 PPP 方式合作的外资企业主要来自美国、欧盟成员国和日本等国家。

澳大利亚建筑市场为外国承包商提供了大量的机会，没有明确的禁止领域，但是通过其外交审查委员会和特定的移民法规保留了对行业的保护性控制。

在政府工程方面，澳大利亚对政府投资项目实行严格的公开招标管理制度，在选择承包商时，主要看中业绩、信用和价格，而大型项目则往往由少数主要的总承包商操作，因为这些公司都具有较稳定的历史记录和良好的声望，能确保在预算内按进度完成大型工程。

澳大利亚建筑市场是规范的高端市场，对建筑标准、质量、环保、从业人员资格、移民规定等有很高的要求。一般来说，取得建筑执照的承包商可以参与工程投标，而拥有职业资格的建筑业从业人员也可以申请成为独立承包商开展工程承包工作。但对于具体的项目来说，参与投标的公司还必须满足其规定的各项要求。

受澳大利亚劳务政策限制，外籍劳务人员进入澳大利亚比较困难，使中国企业在澳大利亚承包工程受到一定程度的影响。

附 1.11 中国香港地区建筑市场

香港地区的工程项目管理体系总的来说是基于完善成熟的市场环境、健全严格的司法体制、高校廉洁的政府部门基础之上的，公平、公正、透明、有效，是各个环节相互制约的一套完整的体系。

建筑业是香港的支柱产业之一。香港建筑业很注重吸收世界各国成功的工程项目管理经验，并在当地推广使用，因此它始终能站在工程项目管理的最前沿，是各种新模式的试验田。

1. 常用的工程项目管理模式

香港常用的工程项目管理模式包括设计 - 招标 - 建造（DBB）模式、项目管理模式（PM）、管理承包模式（PMC）和设计 - 建造（DB）模式。

此外，定期合同也是香港比较常见的、比较有特色的一种模式，它是指在一段时间或期限内完成某一确定范围内工程的合同。在规定的期间内，承包商随时接受指令以完成所有工程。通过采用此种模式，可以把一段时期内的零星工程（数量一般尚不明确）打包，交给同一承包商实施。另外，还有 BOT/PPP/Partnering 等其他模式，特别是伙伴关系模式在香港得到很成功的应用。

2. 常用的工程承包合同文本

香港的环境、交通及工程局常用的系列工程通用合同条件（HKGCC）包括：

建筑工程通用合同条件（HKGCC for Building Works）；

土木工程通用合同条件（HKGCC for Civil Works）；

机电工程通用合同条件（HKGCC for E&M Works）；

设计及建造工程通用合同条件（HKGCC for Design & Build Contract）；

建筑工程定期通用合同条件（HKGCC for Term Contract for Building Works）；

土木工程定期通用合同条件（HKGCC for Term Contract for Civil Works）；

机电工程定期通用合同条件（HKGCC for Term Contract for E&M Works）；

建筑工程分包合同（Sub-contract for Building Works）。

对于公共工程，香港政府要求必须使用上述标准合同文本，而对于私人工程，则由业主自己来决定使用何种合同文本。

附录 2

附 2.1 日本相关法律

日本建筑管理的法律依据:《建设业法》、《测量法》、《建筑法》、《建筑基准法》、《都市计划法》、《劳动基准法》、《公营住宅法》、《住宅建设规划法》、《劳动者派遣法》《职业安定法》等，此外，还有一些与建筑业密切相关的法律,如:《中小企业现代化促进法》、《劳动安全卫生法》等。

近二十年来,美国等国家不断地向日本施压要求其开放建筑市场,但是由于存在固有的、特定的封闭性和行业习惯做法，尽管在法律上似乎没有歧视性政策，但国外建筑企业很难真正进入日本市场。

长期以来，日本的不动产业、建筑设计业、建筑公司、建材生产厂家、承包转包建筑队及用户间相互依赖相互渗透，形成了一个完整的封闭体系。行业自我封闭、自我保护色彩强烈，具有一套完整的建筑行业法规体系，手续繁杂，条件苛刻，外界及外国企业很难进入。

迫于美国的压力及 WTO 政府采购协定的生效，外资企业获得许可后可进入日本建筑市场，但是外资企业实际上并不能独自承包工程和大量进口使用本国建材，因此业务范围仅局限于建筑设计等相关产业。

日本建筑业企业资质分两类：由 MLIT 颁发的国家资质证书；由地方政府颁发的地方资质证书。每一类又分两种：特殊建筑许可、普通建筑许可。外国公司要想在日本从事建筑工程承包业务，必须按照建筑贸易法获得资质证书。如果从事的是按政府有关法规界定为规模极小的工程项目的一部分工作，则不需取得建筑许可证书，但规定这个公司必须雇佣一名有在日本本土工程管理经验的人员，如想获得由 MLIT 颁发的特殊建筑许可证书，其雇佣的人员首先应在外国符合相同资格等级要求，其次这种相同或较高的资格等级应获得日本政府认可。

附 2.2 新加坡相关法律

新加坡的建设项目管理法规受英国管理惯例和法律法规的影响较大。

新加坡建筑市场由建设业发展局（Construction Industry Development Board, CIDB）进行管理，市场管理透明度高，政府部门工作高校廉洁。新加坡住房发展局（Housing and Development Board, HDB）是新加坡最大的国有地产商，负责全国住房的建设和管理。

新加坡的建设项目管理主要是依据新加坡建筑控制法（Building Control Act)。其管理模式有三种，①由部长任命一名建筑管制专员作为建筑控制法的执行者，并在政府公报上进行公告。②由拟建或在建建筑项目的业主，委托一名由建筑管制专员批准注册的特许审核员对设计图纸和计划进行审核。③业主委托一名取得注册资质的人员连同由该人员任命的现场监理员一同对建筑项目的施工过程进行监理。

附 2.3 泰国相关法律

泰国政府项目的招标和投标方式视项目情况而定，通常采用的方式：

一是直接投标，通常适用于一般规模项目，有资格的投标人在购买标书后直接进行商务投标。二是"资格预审 + 投标"，通常适用于大型项目，尤其是资金来自国外的大型基础设施项目通常采用此方法。投标人根据标书要求先进行资格预审，通过者方可有资格参加商务投标。资格审查通常分为一般性资格审查和技术性资格审查。一般性资格审查是对投标公司背景、以往业绩、财务状况、人员和设备情况等审查；技术性资格审查要求投标公司必须根据项目的特性提出具体的施工技术方案，甚至设计或设计扩充方案等。三是特别招标 / 议标，国家预算的小项目（通常不超过 1 亿泰铢）有可能采用议标特别聘雇的方式招标，而国家预算的国外项目如驻外使领馆等也通常采用议标聘雇的方式招标。

附 2.4 马来西亚相关法律

马来西亚主管基础设施建设的部门主要有：① 公共工程部（Ministry of Works），主要负责马来西亚联邦公路网的规划以及有关基础设施项目执行的监督和协调。② 交通部（Ministry of Transport），主要负责铁路、海运及航空有关政策制定以及相关项目的实施管理。

马来西亚政府在政策层面上大力支持 BOT 项目的开展，并积极修订有关法律，使马来西亚国内法律环境与国际接轨。20 世纪 80 年代，马来西亚修订《宪法》并通过《联邦道路法案》，为高速公路项目 BOT 扫清障碍；20 世纪 90 年代修订《电力供应法案》和《电力管理条例》，为私营电站建设和运营提供法律保障；2005 年通过、并于 2006 年开始实施的《仲裁法案》修订了 1952 年的《仲裁法》，为外资进入马来西亚本地 BOT 项目市场打通了最后一个环节。马来西亚公路、轨道交通、港口、电站等 BOT 项目专营年限一般为 30 年左右。

在马来西亚，由世界银行、亚洲开发银行和其他外来资金参与的项目均按国际标准公开招标。政府财政拨款的工程项目，一般把招标对象限定在拥有 A 级资格的马来西亚本地公司，外国公司需要从中分包或合作。私人发展项目招标对象限制较少，但最大的风险是支付保障问题，要慎重选择有实力有信誉的业主。在马来西亚，无论是哪类项目，均存在议标的情况。

马来西亚主管承包工程的政府部门是建筑业发展局（CIDB）。承包商与当地发展商签订承包合同后，需要向该局申请办理施工许可证，并由其查验承包公司资质和监督审查项目进展情况。一般情况下，承包公司还需要申请的许可有机械设备使用许可（机械管理部门），工人现场驻地和设备材料对方许可（市政管理部门）。

马来西亚各领域法律法规健全，充分保障在马投资经商者的权益。与承包工程相关的法律主要有：《1965 年公司法》、《劳工法》、《建筑法》、《工业产权法》、《专利法》、《自由贸易区法》等。

附 2.5 安哥拉相关法律

安哥拉尚未制定完善的工程承包类法律法规，对于外国承包商在安哥拉承揽工程的限制条件较少。对于世行、非洲开发银行等国际金融机构贷款的项目，只需满足相应金融机构的限制条件即可；对于政府间援助项目，取决于两国政府贷款协议的条件，如是中国政府资金项目，则中方推荐有关中国公司参与；对于安哥拉政府自有资金项目，外国承包商需要在安哥拉注册并获得安哥拉有关部门（如公共工程部）颁发的营业执照才能参与；对于安哥拉私人投资项目，政府基本没有限制外国承包商可自由参与。

安哥拉尚未制定完善的工程建设规范，建设过程借鉴了国际通用的招投标模式，通常也包括规划、科研、设计、招标、施工、验收、移交等步骤，建设过程中也聘请咨询单位，但相对而言不是很规范。工程验收通常由业主（包括政府主管部门和工程实际使用单位）、咨询和承包商联合进行，工程合同是验收的主要依据。

附 2.6 沙特阿拉伯相关法律

沙特承包工程市场受沙特政府保护，承包工程市场的发展主要得益于政府投资的推动。在沙特商工部成功注册，并持有沙特投资总局颁发的投资许可证的外国承包商可以直接参与沙特政府和私人承包工程项目投标。初次进入沙特市场且没有在当地获得注册经营地位和承包商资格的外资承包企业，必须通过与有资格的当地承包商建立联合体、建立合资企业、转包或分包以及委托当地承包商代理等间接方式参与承包工程竞争，而且在同等价格条件下，沙特个人或公司以及沙特拥有多数股份的合资企业享有优先权。

沙特承包工程市场实施资质管理制度，由沙特城乡事务部统筹管理。该部根据市场特点划定了 29 个专业分类，并由部所属的承包商评级署依照企业注册资金、累计承揽项目总额等参数，将在沙承包商分为 5 个等级，1 级为最高。中沙两国政府《关于加强基础设施建设领域合作的协定》(2008 年) 和中国商务部与沙特城乡事务部《工程合作谅解备忘录》(2007 年）的一个主要成果就是通过政府推荐渠道解决中资承包企业进入沙特市场的资质问题。目前，协议下有 39 家中国企业，可以不受资质分级制度限制，直接参与城乡事务部主管的所有基础设施建设领域的项目投标。

招标方式为私营项目和国有企业项目自行招标；100 万沙特里亚尔（约合 26.67 万美元）以上的政府项目必须公开招标。招标领域包括建筑工程、机械与设备、办公设备、操作与维护工程、食品供应、钻井、备用零部件、咨询活动、药品采购、武器等。奉行国内优先原则，同等价格与条件下，具备资质的沙特个人或公司享有优先权，其次是沙特拥有多数股份的合资企业。

附 2.7 塔吉克斯坦相关法律

塔吉克斯坦相关法律主要体现在以下几个方面：

1. 市场准入

塔吉克斯坦政府现行政策是鼓励外国资本投资，并认为外国投资是扩大经济联系、获得资金渠道及现代化技术装备的一种必要且有益的方式和手段。由于目前塔吉克斯坦政治形势日趋稳定，同时又拥有一定的投资前景，包括自然资源、不断扩大的市场、廉价的电力资源、吃苦耐劳且便宜的劳动力，都为外国投资方创造了良好、安定的投资环境。外国投资者可直接参与塔吉克斯坦实施的私有化建设。法律允许，当终止投资活动时投资人有权要求返还投资和与之相关的所得，投资人可以以外汇形式将其合法收入及其他款项汇出境外。在经济特区内的外资企业同时还享受一些其他的优惠政策，如降低关税、过境简化程序等。

2. 劳务政策和劳工签证

塔吉克斯坦劳务政策的总政策是保护本国劳动力，以解决就业压力。塔吉克斯坦对雇主聘用外国劳工实施配额许可及担保押金制度。塔吉克斯坦劳务签证的获得相对比较复杂，受劳动部的名额限制。

拉赫曼诺夫连任以来，塔吉克斯坦政府从整体上不断自我完善，精简政府机构，实施减贫战略，加强法制建设，加大打击宗教极端主义和贩毒等罪行的力度，同时积极争取国际社会的支持和援助，主张与世界上所有国家发展友好互利合作关系。近期政局总体上保持稳定。

塔吉克斯坦经济水平比较落后，且受外部影响波动较大，但近期发展速度较快，势头较为良好，塔吉克斯坦政府注重经济发展和贸易往来，努力解决外商投资环境问题。社会经济环境总体上比较适合承包工程发展。

附 2.8 阿联酋相关法律

阿联酋是一个低税国家，境内无企业所得税和个人所得税、增值税、印花税等税种。阿联酋没有联邦税收体系，税收制度由各酋长国自行规定。目前有税法的包括阿布扎比、迪拜、沙迦。

外国承包商在阿联酋承接工程，必须在阿联酋设立机构，对此，每个酋长国规定了不同的要求。

外国公司在阿布扎比开展承包工程业务首先需要注册登记，取得当地营业执照，取得营业执照的承包公司还必须在阿布扎比酋长国经济规划局履行分级登记手续并取得分级证书才能对政府项目投标并担当总包商。

对于私人项目，不存在有禁止外国承包商进入的领域，但提前是外国承包商有资格在阿联酋经营。对于公共类项目，不禁止外国承包商从事于一般的房建、基础设施类项目的承建，但对于国防部的军事类项目须遵循国防部的特别规定。

根据阿布扎比酋长国最高咨询委员会的规定，政府工程项目的招标分国际招标和当地招标两种方式。国际招标：各国公司均可以参加，不需要在当地注册，但必须先找一个当地项目代理人或合伙人。已在当地注册的外国公司不需要再找代理人或合伙人。当地投标：只限在当地登记注册并已经取得分级证书的外国公司及当地公司参加。

根据现行法律，阿联酋不仅对外资可以进入的行业领域有明确的法律限制，而且对外商投资的持股比例有明确的规定，即外方持股不能超过 49%。

附 2.9 澳大利亚相关法律

澳大利亚为外国承包商和专业人员提供了大量的建筑市场机会。通过外国投资评估理事会和特定的移民法规，澳大利亚保留了保护性控制。采用公开市场政策，增加了外国公司在澳大利亚建筑市场的机会。常使外国公司采取与当地公司合作或合资经营的方式。少数主要总承包商控制澳大利亚的大型建筑项目。尽管外国和本国参与者的进入没有太大的障碍，但竞争仅限于具备稳定的历史记录。

房地产开发是澳洲建筑业主要的经营项目。一般由房地产公司成批开发、成批建设独立式的居民住宅小区、公寓式住宅小区等；也有私人从房地产公司购买土地地块，自行委托营造商建设的。营造商的资质要经过评审注册，评审的主要依据是业绩。由建筑业商会推荐，在相关的刊物上公布有权营造商的名单并附有这些营造商（Master Builder）的相片。

澳大利亚建筑业高度的私有化将吸引更多的私人资本投入到建筑业，特别是基础设施领域，国际上近年来对铁矿石等资源的需求快速增长必将促进矿产资源领域的投资。促进出口导向型经济发展，使出口量增长。

澳大利亚建筑工程市场比较规范，对建筑标准和建筑质量有很高的要求，澳大利亚建筑标准由 31 项国际标准和 140 项自有标准组成。在澳进行工程建设，对环保、安全以及与社区的和谐发展有很高的要求，例如，对污染与废物处理，濒临灭绝物种保护和用水量，早期欧洲移民和土著居民遗址保护，原土地冠名权等都有严格的规定，一般都需要经过环保评估后颁发特别许可。

根据澳大利亚现行移民法规定，申请临时居留签证的只能是外国企业、商业人士，高级管理人员，专业技术人员以及他们的家庭成员。普通管理人员和普通劳工则不颁发临时居留签证。

对于外国资本在澳投资开发存在一些限制。澳大利亚设有外资审批委员会，根据 1975 年外资兼并和收购法的规定，不允许外国资本投资民用航空、新闻、金融、机场和房地产等领域。外资拥有澳大利亚土地、股权或矿产开发权超过 5000 万澳元的需经过审批。不超过 1 亿澳元的项目一般都会得到批准。

参考文献

[1] 王守清等主编 . 特许经营项目融资（BOT、PFI 和 PPP）. 北京：清华大学出版社，2015.08.

[2] 何伯森主编 . 工程项目管理的国际惯例 . 北京：中国建筑工业出版社，2011.02.

[3] 吕文学主编 . 国际工程项目管理 . 北京：科学出版社，2013.03.

[4] 丁士昭等主编 . 政府工程怎么管 . 上海：同济大学出版社，2015.07.

[5] 成虎等主编 . 工程项目管理（第四版）. 北京：中国建筑工业出版社，2015.01.

[6]（美）项目管理协会 . 项目管理知识体系指南（PMBOK 指南）. 北京：电子工业出版社，2013.05.

[7] 全国招标师职业水平考试辅导教材指导委员会 . 项目管理与招标采购 . 北京：中国计划出版社，2012.05.

[8] 易涛等主编 . 工程项目管理模式 . 北京：中国电力出版社，2002.12.

[9] 李启明等主编 . 国际工程管理 . 南京：东南大学出版社 ,2010.09.

[10]（英）皇家特许建造学会 . 业主开发与建设项目管理实用指南（原著第三版）. 北京：中国建筑工业出版社，2009.01.

[11] Kermanshachi.US, multi-party standard partnering contract for integratedprojectdelivery[J].Journal of Masters Abstracts International.2010, 48（6）：174-185.

[12] AIA.Integrated Project Delivery：A guide [R] California：AIA,2007.

[13] 陈沙龙 . 基于 BIM 的建设项目 IPD 模式应用研究 [D]. 重庆大学硕士学位论文 .2013.05.

[14] 商务部国际贸易经济合作研究院等 . 对外投资合作国别指南（2015版）.

[15] 孟春等 . 波兰采用 PPP 模式降低城市垃圾管理成本 [J]. 中国经济时报 .2014.08.

[16] Essentials of Project Management（2001）, Royal Institute of British Architects.

[17] AI-Harbi，Kamal M. AI-Subhi.Application of the AHP in project management.International Journal of Project Management, 2001, 19（1）：19-27.